V V.II X |VII {VII{ ¿ ×)

RAPPORTS

DE LA

COMMISSION CHARGÉE DE RÉDIGER DES INSTRUCTIONS POUR
L'EXPLORATION SCIENTIFIQUE

DE L'ALGÉRIE.

45963

(Extrait des *Comptes rendus des Séances de l'Académie des Sciences*
séance du 23 juillet 1838.)

$\frac{T_{.}K^{8}}{v^{5}.}$

RAPPORT

CONCERNANT LA ZOOLOGIE;

Par M. DUMÉRIL.

L'exploration de l'Algérie paraît devoir fournir des résultats intéressants pour toutes les branches de l'histoire naturelle des animaux. Si l'on
pouvait pénétrer librement dans la région montagneuse de la Régence,
il est probable qu'on y rencontrerait des mammifères nouveaux ou peu
connus, surtout parmi les petites espèces, et principalement des Reptiles,
des Poissons d'eau douce, des Coquilles terrestres et fluviatiles et des insectes curieux; mais les explorations des animaux terrestres, pour être opé-
rées avec avantage et sécurité, exigeraient la présence d'un zoologiste
instruit, spécialement attaché dans ce but au quartier général de l'armée,
et s'il se peut à Constantine, et autorisé à profiter des excursions militaires pour les suivre et se livrer avec moins de danger aux investigations
et aux récoltes intéressantes qu'elles pourraient lui offrir. Les recherches
et les observations qui seraient plus faciles, plus fructueuses et qui auraient une grande importance, devraient être portées sur l'examen et la
récolte des Poissons de rivage, des Mollusques, des Annélides, et principalement des Zoophytes qui se trouvent en abondance sur le littoral
algérien.

Cette côte est depuis long-temps célèbre par la pêche du corail qui s'y
exerce avec activité. Cette localité paraît si favorable à la multiplication des
espèces de polypes qui produisent les coraux, qu'il est très présumable que
là aussi d'autres animaux de la même classe offriraient aux naturalistes
d'abondantes et d'intéressantes récoltes. Il serait, en effet, important
d'étudier à fond les modes de croissance et de reproduction du corail et
des autres polypiers, tant pierreux que flexibles de cette plage; de scru-
ter la structure de ces zoophytes, et d'examiner avec attention les particularités de ces êtres singuliers.

Comme la pêche du corail est une branche importante d'industrie,

I..

elle serait peut-être susceptible d'un plus grand développement, si elle était pratiquée d'une manière plus éclairée; de sorte que l'administration, aussi bien que la science, pourraient trouver quelque avantage dans cette exploration. Mais pour obtenir ces résultats, il serait convenable de suivre, par la mer, la longue ligne de côtes qui se trouve comprise entre le cap Falcon et l'île de Tabarca. On pourrait alors, à l'aide de la drague, de la cloche du plongeur, de l'appareil nouvellement imaginé par M. Paulin, enfin par tous les moyens appropriés à ce genre de recherches, explorer les points où l'on pourrait espérer de rencontrer des bancs de corail. On s'arrêterait pendant quelques jours dans le voisinage de l'un de ces bancs (à Mers-el-Kebir ou à Tabarca, par exemple), pour s'y livrer à des observations suivies sur ces polypes ainsi examinés dans l'état frais, ce qui n'a pu être exécuté jusqu'ici.

Pendant cette exploration, il faudrait s'appliquer à recueillir tous les faits propres à constater le mode de distribution des animaux marins dans ces parages; car cette branche de la topographie zoologique intéresse extrêmement les géologues : ce serait aussi l'occasion favorable de chercher à résoudre cette question tant débattue du parasitisme de l'Argonaute.

Ces recherches seront nécessairement de quelque durée et ne pourront peut-être pas être terminées en une seule campagne; cependant, si les circonstances étaient favorables, les huit mois d'été dont on jouit dans ce pays pourraient suffire, pourvu toutefois que le naturaliste chargé de cette mission puisse avoir à sa disposition tous les moyens d'exploration et d'études nécessaires à de semblables recherches. Afin qu'il puisse employer son temps de la manière la plus utile pour la science, il serait nécessaire de lui adjoindre un ou deux jeunes naturalistes collecteurs ou préparateurs, habitués déjà aux différents modes de conservation des objets destinés à nos collections, et de placer également sous sa direction un dessinateur d'histoire naturelle, sur le talent et l'exactitude duquel il pourrait se reposer pour l'exécution de la partie graphique de son travail.

RAPPORT

CONCERNANT LA BOTANIQUE;

Par M. Ad. BRONGNIART.

C'est à un célèbre botaniste français, Desfontaines, qu'on doit les premières connaissances exactes et étendues sur la végétation du nord de l'Afrique, et ce fut l'Académie des Sciences qui, en 1783, lui donna la mission d'étudier l'histoire naturelle de ces contrées. Le séjour assez prolongé qu'il fit dans les régences de Tunis et d'Alger lui permit de recueillir beaucoup des productions végétales de cette région, et il les fit connaître avec une rare perfection dans le bel ouvrage qu'il publia plus tard sous le titre de *Flora atlantica*, ouvrage qui doit servir de base et de point de départ à toute autre publication sur le même sujet; mais si l'on considère que Desfontaines a parcouru des points très divers de la côte d'Afrique, depuis l'extrémité orientale de la régence de Tunis jusqu'à l'extrémité occidentale de celle d'Alger, et que cependant son ouvrage ne renferme l'indication que de 1600 espèces de plantes, on devait prévoir que beaucoup d'espèces avaient nécessairement échappé à ses recherches, soit par suite des difficultés des excursions qu'il avait entreprises, soit à cause des saisons et du peu de temps pendant lequel il était resté dans certains endroits. En effet, les collections faites dans ces dernières années sur quelques points de l'Algérie par des botanistes qui n'ont pu cependant se livrer à ces investigations que d'une manière très incomplète, ont prouvé qu'un nombre assez considérable d'espèces croissant dans cette contrées, se trouvent omises dans la *Flora atlantica*.

Les recherches de M. Steinheil aux environs de Bone, celles de Bové, aux environs d'Alger, ont suffi pour montrer qu'il y avait encore beaucoup de plantes intéressantes à recueillir dans les parties mêmes de l'Algérie que les naturalistes pouvaient aborder il y a quelques années sans une protection spéciale; or, une flore aussi complète que possible de ce pays serait fort précieuse, non-seulement par la nouveauté des objets qu'elle pourrait renfermer, mais surtout pour la géographie botanique, qui y puiserait d'utiles renseignements pour établir une comparaison plus exacte qu'on n'a pu le faire jusqu'à présent entre la végétation du nord de l'Afrique et celle du midi de la France, de l'Espagne, de l'Italie et de la Sicile.

Cette comparaison intéressante scientifiquement pourrait devenir d'une importance réelle pour les essais de culture auxquels on désirerait se livrer dans l'Algérie ; car si les matériaux qui serviraient de base à une nouvelle flore de ce pays étaient recueillis avec le soin nécessaire, on pourrait probablement apprécier par ce moyen, mieux que par beaucoup d'autres, les diverses circonstances locales qui peuvent rendre telle ou telle partie de ce pays plus favorable à certains genres de culture.

Enfin, il faudrait rapporter de ces contrées des échantillons bien choisis des tiges des diverses espèces d'arbres qui y croissent, et surtout de celles qui ne se trouvent pas en France ou qui n'y atteignent que de moindres dimensions. Ce genre de collection, trop négligé jusque dans ces derniers temps, pourrait jeter beaucoup de jour sur plusieurs points de l'anatomie et de la physiologie végétale ; indépendamment de cette importance scientifique, on en tirerait probablement des résultats utiles pour les applications aussi bien que pour éclairer les recherches historiques sur les végétaux connus des anciens.

Il serait donc vivement à désirer qu'un botaniste instruit et zélé pût parcourir tous les points de cette contrée qui sont soumis à la domination française, et même ceux placés en-dehors de ces limites que des relations de bonne intelligence permettraient de visiter sans danger, ou qu'on pourrait explorer en accompagnant les expéditions ou les reconnaissances militaires ; il faudrait qu'il recueillît dans ces divers lieux avec soin, non-seulement les plantes qui lui paraîtraient nouvelles ou peu connues, mais les espèces communes en France ; qu'il les recueillît dans diverses localités, en notant avec attention l'époque de l'année et la situation dans laquelle il les a trouvées, et surtout la hauteur à laquelle elles croissent ; car, tout en cherchant à étendre le domaine de la botanique par l'addition des plantes encore inconnues que l'Algérie présentera sans aucun doute à un investigateur attentif, on doit surtout viser à réunir les matériaux d'un bon travail sur la topographie botanique de cette région.

Dans ce but, il serait particulièrement intéressant d'explorer avec soin les montagnes les plus élevées du petit Atlas des environs d'Alger, de Bone, de Bougie et de Constantine, et de fixer, sur les versants nord et sud, les limites de hauteur des végétaux qui dominent dans la végétation de ces montagnes. Les limites du dattier, du chamærops, de l'oranger, de l'olivier, de la vigne, des pins et des chênes de diverses espèces seraient surtout essentielles à fixer.

Si quelques circonstances heureuses permettaient de visiter quelques-uns des sommets plus élevés du grand Atlas, la comparaison des limites des mêmes espèces de végétaux dans ces deux chaînes sur des versants correspondants pourrait devenir d'un grand intérêt; mais dans ces régions plus méridionales, il serait surtout bien important de recueillir les végétaux des fonds des vallées et ceux qui croissent dans les expositions les plus chaudes, pour voir jusqu'à quel point ils se rapprochent de ceux des parties tropicales de l'Afrique.

Les recherches botaniques devraient successivement se diriger sur trois régions bien différentes, Alger et ses environs; Oran, Arsew, Mostaganem, et s'il était possible, Tlemcen et Mascara; enfin, Bone, la Calle, Bougie et surtout Constantine à peine visité par Desfontaines qui n'y a passé que quelques jours dans la saison la plus défavorable pour la botanique, et qui ne cite en effet qu'une ou deux plantes des environs de cette ville.

L'occupation de cette ville donnerait aux recherches botaniques beaucoup plus d'intérêt qu'on ne pouvait l'espérer jusqu'à présent, car sa position au milieu des montagnes doit rendre la végétation de ses environs plus variée et très différente de celle du littoral.

Évidemment l'étude des diverses parties de l'Algérie, sous le point de vue botanique, ne peut être terminée en une année, car la végétation de ces contrées est rapide et souvent de peu de durée pour chaque espèce; elle varie beaucoup suivant les saisons, et dure depuis la fin de l'automne où commence la floraison des plantes qui dans notre climat sont printanières, jusqu'à la fin de juin et peut-être jusqu'en juillet dans les montagnes. Il faudrait, pour obtenir des résultats utiles, pouvoir consacrer une année complète à chacune de trois grandes régions que nous avons indiquées, et il serait avantageux de commencer par la région orientale, et surtout par les environs de Constantine qui sont moins connus que tous les autres points de l'Algérie sous le rapport botanique, d'autant plus que l'élévation du sol de cette contrée devant rendre la végétation moins précoce, permettrait d'y arriver avant que la saison de la floraison fût trop avancée.

La fin de l'été et le commencement de l'automne, époque où la sécheresse a presque complétement détruit les végétaux terrestres, pourrait être employée utilement à l'exploration des côtes et à la recherche des végétaux marins encore peu connus qui existent dans cette partie de la Méditerranée.

Indépendamment des plantes marines, le botaniste de l'expédition devrait rechercher avec soin les cryptogames terrestres et celles des eaux douces, et, parmi ces dernières, celles qui croissent généralement dans les sources thermales devraient fixer son attention d'un manière particulière.

Le succès des recherches botaniques que nous venons de signaler dépendra, du reste, beaucoup du choix de la personne à laquelle elles seront confiées, il serait à désirer que ce pût être un botaniste ayant déjà exploré ce pays ou des régions analogues; et, en tout cas, la personne chargée de cette mission devrait avant son départ examiner les collections déjà formées dans cette contrée et déposées au Muséum d'histoire naturelle, et recevoir des professeurs de cet établissement des instructions de détail qu'il est impossible de consigner ici.

Il faudrait, en outre, que tous les moyens matériels propres à recueillir convenablement les plantes de ces diverses contrées, et à assurer leur conservation, fussent donnés par le Gouvernement au naturaliste chargé de cette mission, et que les collections qui en seront le résultat fussent déposées en totalité au Muséum d'histoire naturelle où elles deviendront un complément indispensable de l'*Herbier de la Flore atlantique* légué par Desfontaines à cet établissement.

Il serait essentiel que la personne chargée des recherches botaniques eût à sa disposition les ouvrages qui traitent de la botanique du nord de l'Afrique, et particulièrement la *Flore atlantique* de Desfontaines, et les instruments, tels que baromètres et thermomètres nécessaires pour bien fixer la hauteur des lieux qui servent de limite à l'habitation de certaines plantes remarquables.

RAPPORT

CONCERNANT LA GÉOLOGIE;

Par M. ÉLIE DE BEAUMONT.

———

Le premier besoin de la géologie relativement à une contrée encore peu connue, le premier besoin des arts utiles auxquels la géologie peut servir de flambeau, est de connaître la configuration du sol, la composition, la structure, toutes les particularités remarquables des masses minérales qui en composent les diverses parties. Le principal but que devra se proposer la personne chargée de la géologie dans l'expédition scientifique projetée en ce moment dans l'Algérie, sera de répondre à ce premier besoin de la science et de l'industrie. Elle devra profiter de toutes les circonstances qui pourront s'offrir à elle, de tous les moyens qui pourront être mis à sa disposition, pour étendre et pour compléter nos connaissances sur la structure et la composition du sol de cette vaste contrée.

Dans une pareille exploration, les questions que l'observateur peut se faire relativement à chacun des points qu'il visite, l'attention plus ou moins suivie qu'il se sent porté à accorder aux diverses apparences qui viennent le frapper, dépendent à la fois de ses connaissances sur la géologie en général, et des notions qu'il peut avoir acquises relativement aux points circonvoisins, et relativement aux phénomènes géologiques dont on peut présumer d'avance que la contrée a été le théâtre.

La personne à laquelle est destinée la présente instruction ne pouvant manquer d'être déjà pourvue des connaissances générales nécessaires, c'est surtout des données locales qu'il doit être question ici.

S'il est toujours utile de prendre connaissance de ce qui a été écrit sur un pays dans lequel on va entreprendre des recherches géologiques, la lecture de tous les documents publiés devient surtout indispensable si le pays dont on s'occupe n'est pas actuellement accessible dans toute son étendue.

Mon premier soin a donc été de faciliter à la personne qui sera char-

2

gée de la géologie dans la prochaine expédition, cette partie de sa tâche en dressant la liste de tous les ouvrages, mémoires ou articles détachés relatifs au sol de l'Algérie, dont j'ai pu moi-même trouver l'indication. J'ai consigné la liste détaillée de ces documents dans une note ci-jointe (1); mais la Commission a en outre désiré que je lusse moi-même ces divers écrits et que je fisse part à la personne chargée de la géologie dans la prochaine expédition des réflexions qu'ils m'ont inspirées, des questions auxquelles ils m'ont paru conduire.

Ces réflexions, ces questions sont devenues la partie la plus étendue du présent projet d'instructions. J'y ai joint dans des notes, outre la liste des ouvrages consultés, la citation de quelques-uns des passages les plus importants qu'ils renferment, ainsi que diverses indications de détail.

Le sol des états barbaresques, en général, et surtout celui des Régences d'Alger et de Tunis est généralement montueux. C'est même à cette circonstance qu'on a attribué depuis l'antiquité le caractère indomptable des Numides, devenus de nos jours les Kabyles. Bordée au nord par la mer Méditerranée et au midi par la mer de sable du grand désert de Sahara, la Barbarie n'est autre chose que la réseau compliqué de montagnes et de vallées dont les grandes lignes culminantes ont reçu le nom d'Atlas.

L'Atlas, qui traverse les régences de Tunis et d'Alger, est divisé, dit M. Desfontaines, en deux grandes chaînes principales qui courent d'orient en occident; l'une, qui est connue sous le nom de petit Atlas, commence près de Tabarque, sur les confins de Tunis, et se prolonge le long de la Méditerranée, jusque dans le royaume de Maroc; l'autre, que quelques géographes ont nommé le grand Atlas, cotoie le désert parallèlement à la première, et en fixe les bornes du côté du nord. Ces deux grandes chaînes sont souvent réunies de distance en distance par des chaînes intermédiaires.

Les montagnes qui bornent le désert sont arides, et ne produisent qu'un petit nombre de plantes et quelques arbustes; ce qui paraît résulter principalement de la sécheresse de l'atmosphère dont elles sont généralement environnées. Elles sont plus élevées que celles qui avoisinent la mer. Les circonstances ne m'ont pas permis, dit M. Desfontaines, de mesurer la hauteur perpendiculaire; mais je doute néanmoins qu'elles aient plus de douze à quinze cents toises d'élévation au-dessus du niveau de la mer; aucune de celles que j'ai vues pendant l'été n'avait de neige à son sommet. Voir la note (2).

Ces montagnes, qui ne s'élèvent jamais à une grande hauteur, ne s'abaissent non plus jamais jusqu'à un niveau très bas, puisque depuis le royaume de Maroc jusqu'à Tunis, elles s'enchaînent d'une manière continue sans interruption remarquable. Elles présentent en même temps dans leur aspect une grande uniformité. Les anfractuosités de leurs cimes, dessinées avec soin sur les vues orthogonales jointes aux cartes et à l'ouvrage de MM. Bérard et de Tessan, indiquent des masses calcaires, et cette indication est confirmée par tous les témoignages recueillis jusqu'ici.

Il vrai que ces témoignages ne portent d'une manière explicite que sur un petit nombre de points; mais l'uniformité d'aspects que je viens de mentionner indique à elle seule dans la composition du sol de l'Algérie une sorte d'homogénéité. Cette uniformité de composition est encore confirmée par la circonstance que des voyageurs aussi exercés dans l'art d'observer que Shaw et M. Desfontaines, et capables de donner comme ils l'ont fait des notions positives sur la constitution minéralogique de quelques cantons, n'ont été frappés d'aucune différence générale dans le sol des différentes parties de l'ancienne Régence; les productions de ces diverses parties, leur mode de culture, l'influence des formes et de la nature du sol sur les mœurs des habitants sont au contraire à peu près les mêmes partout; les seules différences générales qui existent à cet égard trouvent leur explication dans des circonstances climatologiques; de là il résulte nécessairement que les différents cantons sont formés à peu près par la combinaison des mêmes éléments dont l'examen d'un petit nombre de ces cantons a pu, à lui seul, donner une idée.

M. Desfontaines énonce même positivement le fait de cette uniformité de composition : « Toutes les roches que j'ai observées, dit-il dans » la préface de la *Flore atlantique*, p. 3, sont calcaires, et dans un grand » nombre de montagnes, même dans celles qui sont voisines du désert » et très éloignées de la mer, j'ai découvert d'immenses accumulations de » coquilles marines. »

Il paraît en effet que deux grands systèmes de couches travaillés par divers accidents postérieurs à leur origine forment presque à eux seuls les montagnes de l'Algérie; le premier est un grand système de calcaires secondaires, le second un système de dépôts tertiaires, moins exclusivement calcaire que le premier.

Ce fait, confirmé par beaucoup d'observations de détail que j'ai réunies dans la note (3), l'est aussi pour différents cantons dont la nature minéralogique n'est désignée d'une manière précise par aucun voyageur, par la fréquence des grandes sources d'eau vive et des cascades, et par celle de l'engouffrement d'un grand nombre de rivières dans des cavités

2..

souterraines, caractères topographiques propres, comme on le sait, aux pays formés de roches calcaires. J'ai réuni dans la note (4) l'indication des faits de ce genre reconnus dans l'Algérie; je dois toutefois faire observer que la disparition de quelques-unes des rivières de ce pays est due non à ce qu'elles se jettent dans des cavités calcaires, mais à ce qu'elles se perdent dans des sables superficiels qui font partie de ceux du grand désert de Sahara ou qui leur sont analogues.

Le système de couches calcaires secondaires qui forme les noyaux et les crêtes de la plupart des chaînons de montagnes de l'Algérie paraît se rapporter en partie, comme l'a indiqué M. Rozet, au lias ou aux autres assises du terrain jurassique, et peut-être en partie aussi aux assises inférieures du grand système crétacé qui concourent, avec le terrain jurassique, à former les montagnes calcaires de la Sicile. M. Virlet a observé au cap Bon, un calcaire à hippurites. La recherche des corps organisés fossiles propres à fixer le classement des diverses parties de ce grand système de couches, doit être recommandée particulièrement à la personne qui sera chargée de la géologie dans la prochaine expédition.

M. Rozet signale en un grand nombre de points des environs d'Alger et de Medeya un vaste dépôt tertiaire composé à sa partie inférieure d'une grande épaisseur de marne bleuâtre, compacte, non schisteuse, et à sa partie supérieure de calcaires plus ou moins sableux. On y trouve un très grand nombre de fossiles.

D'après les renseignements donnés par M. Desfontaines et par l'abbé Poiret sur les quantités de coquilles fossiles qui se trouvent en divers points sur les montagnes de l'Algérie, on peut présumer que le terrain tertiaire dont nous parlons couvre une partie de leurs flancs. Je dois à notre confrère M. le vicomte Héricart de Thury deux *pectens* recueillis au marabout de *Sidi-Klifa*, près du village d'El-Ibrahim, à quatre lieues d'Alger, à 200 mètres au-dessus de la mer. Ces pectens me paraissent identiques avec ceux que j'ai recueillis moi-même en Sicile, entre Syracuse et Lentini, dans le grand dépôt tertiaire du Val de Noto.

M. Rozet a désigné en général sous le nom de terrain sub-atlantique tous les dépôts tertiaires de l'Algérie, mais il signale des différences, tant sous le rapport de la composition que sous celui des fossiles contenus, entre les dépôts tertiaires des environs d'Alger et ceux des environs d'Oran. On devra s'attacher à préciser les ressemblances et les différences de ces deux groupes de terrains, et tâcher de décider s'ils sont le prolongement l'un de l'autre ou bien si le prolongement de l'un passerait au-dessus ou au-dessous de l'autre, et fixer en même temps leur correspondance avec les diverses couches tertiaires de l'Europe. Il sera nécessaire de recueillir à cet effet une collection aussi complète que possible des fossiles qui se trouvent en abondance dans ces terrains. (*Voyez* note 5.)

M. Rozet a signalé sur les falaises qui forment la côte, tant aux environs d'Alger qu'aux environs d'Oran, des agglomérats coquillers renfermant des coquilles des genres *Venus*, *Pectunculus*, *Ostrea*, *Cardium*, analogues aux espèces des mêmes genres qui vivent de nos jours sur la côte. Elles sont presque toutes passées à l'état spathique. Ces agglomérats qui couronnent les falaises, ont pour ciment un travertin ferrugineux.

En travaillant au tracé d'une route qui conduit d'Oran à Mers-el-Kebir, sur le bord de la mer, on a découvert une brèche osseuse analogue à celles de Gibraltar, d'Antibes et de divers autres points des côtes de la Méditerranée. Cette brèche osseuse a déjà été observée, en 1835, par M. Desessart, capitaine du génie, et par M. Milne Edwards, qui y a rencontré des dents molaires de bœuf, une dent de cheval, divers fragments d'os de ruminants, dont la détermination lui a laissé de l'incertitude, et un fragment de crâne d'ours (*). Depuis lors, M. Duvernoy a eu aussi l'occasion de s'en occuper, et il en a mis un fragment sous les yeux de l'Académie des Sciences, dans sa séance du 2 octobre 1837 (**). Cette brèche osseuse est une concrétion calcaire colorée en rouge par le fer. Elle contenait des dents de ruminants; il faudra y faire des recherches pour chercher d'autres ossements, et examiner les rapports qui pourraient exister entre elle et les brèches à ciment ferrugineux que M. Rozet a signalées en différents points des falaises de l'Algérie, près d'Oran et d'Alger.

La découverte de cette brèche près d'Oran doit aussi éveiller l'attention sur l'existence possible de pareilles brèches osseuses en d'autres points des falaises de l'Algérie, et particulièrement dans les escarpements des îles et îlots répandus le long de la côte.

M. Rozet rapporte au terrain diluvien le dépôt détritique qui forme le sol uni et presque horizontal de la plaine de la Métidja.

Il serait intéressant de rechercher si ce dépôt présente quelques traces de l'intervention, dans sa formation, d'agents d'une violence comparable à celle des courants diluviens qui ont sillonné toutes les contrées voisines

---

(*) Voyez *Annales des Sciences naturelles*, 2ᵉ série, partie zoologique, t. VII, p. 216.

(**) *Compte rendu des séances de l'Acad. des Sciences*, 2ᵉ semestre 1837, p. 491.

des Alpes, depuis Arles jusqu'à Vienne. Il serait également curieux d'examiner si ces courants diluviens auraient marqué leur passage dans les vallées de l'Atlas comme dans presque toutes celles des Alpes, en arrondissant et même en polissant de vastes surfaces de rochers. M. Rozet n'a pas signalé dans l'Algérie la présence des blocs erratiques; il serait important de bien constater leur absence qui, rapprochée de la faible hauteur de l'Atlas et de sa latitude méridionale, pourrait jeter un nouveau poids dans la balance en faveur de l'opinion que des glaces, agissant peut-être sous forme de radeaux, auraient joué un rôle important dans le transport des blocs erratiques.

M. Rozet, d'après les observations qu'il a faites sur les terrains tertiaires des environs d'Alger et de Medeya, et d'après les renseignements qu'il a reçus du célèbre voyageur M. Réné Caillié, croit pouvoir conclure que c'est le dépôt tertiaire de l'Algérie qui constitue le sol du grand désert de Sahara; les grès et les calcaires tertiaires seraient là en couches horizontales et recouverts par une grande masse de sables, qui ne seraient autre chose que ceux que l'on trouve fréquemment à la partie supérieure du terrain tertiaire sub-atlantique; seulement au sud du grand Atlas, les sables auraient pris un développement extrêmement considérable.

La marne argileuse qui, suivant M. Rozet, doit exister à la partie inférieure du terrain tertiaire, aussi bien dans le Sahara qu'entre les Atlas, retenant très facilement les eaux, il est probable, suivant lui, qu'en creusant à une certaine profondeur on obtiendrait des sources abondantes. On pourrait peut-être y établir des puits forés: Shaw rapporte même que dans les villages de *Wad-reag* on est en possession de se procurer de l'eau par un procédé qui rappelle le mécanisme de nos puits artésiens. Quoique ce passage de Shaw ait déjà été consigné par M. Arago dans le savant article *sur les Puits artésiens*, dont il a enrichi l'*Annuaire du Bureau des Longitudes* pour 1834, j'ai cru devoir le transcrire dans la note (6).

Cette possibilité d'établir des puits artésiens serait trop importante non-seulement pour le désert de Sahara, mais pour une multitude de points de l'Algérie, même de ceux qui sont voisins de la côte, pour qu'on ne doive pas recommander fortement l'ordre d'observations dont il s'agit à la personne qui sera chargée de la géologie dans la prochaine expédition.

D'un autre côté, les sables du désert de Sahara ou ceux des déserts beaucoup plus petits qui s'étendent entre les montagnes de l'Algérie mériteraient peut-être d'être examinés comparativement avec ceux des dunes, dans le but d'examiner quels genres de rapports il peut exister entre ces deux classes de sables, tant sous le rapport de leur manière d'être que sous celui de leur origine.

On sait depuis long-temps que les sables des déserts voisins de l'É-gypte renferment des troncs d'arbres silicifiés ; quelques indications ten-draient à faire croire qu'il s'en trouve aussi dans les sables des déserts de l'Algérie ; il serait intéressant de s'en assurer. La présence de troncs sili-cifiés dans ces sables tendrait à confirmer leur origine tertiaire.

Un vaste désert de sable, celui d'Anga, sépare dans sa partie orientale la régence d'Alger du royaume de Fez. Ce désert est sans doute analogue par son origine géologique au grand désert de Sahara, et serait d'un accès plus facile pour les membres de l'expédition scientifique.

Un des faits les plus curieux que présentent les déserts de l'Afrique et de l'Asie, c'est que le sol y est fréquemment salé. Le chlorure de sodium est répandu dans le sol de la Barbarie avec une abondance surprenante. D'après M. Desfontaines, la terre, dans presque toute l'étendue de la ré-gence de Tunis, est imprégnée d'une si grande quantité de sel marin, que la plupart des sources y sont saumâtres. Les sources salées, dit-il dans la Préface de la *Flore atlantique*, p. 12, sont beaucoup moins rares que les sources d'eau douce. Il n'est pas rare de voir, lorsque les chaleurs de l'été ont fait évaporer les eaux stagnantes dans les lieux bas, des espaces con-sidérables de terrain couverts d'une croûte de ce sel qui avait été dissous et amassé par les eaux de l'hiver.

On appelle communément ces plaines *Sibkah* ou *Shibkah*, c'est-à-dire morceaux de terre salée : elles sont d'ordinaire couvertes d'eau en hiver et paraissent alors comme autant de grands lacs ; mais lorsqu'elles sont sèches en été, elles ne ressemblent pas mal à de vastes boulingrins couverts du plus beau gazon. Quelques-uns de ces *shibkahs* ont un fond dur et solide, sans aucun mélange de terre ou de gravier, retenant le sel, qui y forme une couche cristallisée après les pluies.

Il existe des salines de cette nature près d'*Arzew* et dans d'autres lo-calités dont je renvoie le détail à la note (7), ainsi que l'indication de di-verses sources et rivières salées.

Il serait intéressant d'examiner quelles relations il peut exister entre le sel répandu ainsi superficiellement et les masses de sel gemme qui existent aussi dans l'Algérie. Shaw semblerait admettre de grands rap-ports entre les deux variétés ; car il dit (*) que le sel du lac des Marques,

(*) *Nouvelles Annales des Voyages*, t. XLVII, p. 323.

qu'on appelle aussi *Bahirah-Pharaonne*, et de quelques autres plaines moins considérables de la même nature, ressemble au sel gemme, en goût et en qualité.

Les masses de sel gemme elles-mêmes, la nature de leur gisement, seraient, si l'on pouvait les aborder, un sujet de recherches intéressantes.

D'après Shaw (*), la montagne dite *Jibbel-had-Deffa*, à l'extrémité orientale du *lac des Marques* ou *Bahirah-Pharaonne*, est entièrement composée de sel. Ce sel est tout-à-fait différent de celui des salines, étant dur et solide comme une pierre et sa couleur rouge ou violette. Cette mine de sel gemme est dans le royaume de Tunis, mais il en existe aussi d'analogues dans la régence d'Alger. Le sel des montagnes près de *Lwotaiah* et de *Jibbel-minis*, dit Shaw, est gris ou bleuâtre......; c'est encore du sel gemme.

Il est rare que le sel gemme ou les sources salées ne soient pas accompagnés de masses de gypse; de nombreux gisements de cette roche sont en effet indiqués dans l'Algérie.

On exploite du gypse dans la montagne de Sibassa (la Plâtrière) qui fait partie de la chaîne de Schattaba, à laquelle correspond le rocher qui supporte la ville de Constantine (**).

D'après l'abbé Poiret il y a aussi près de Bone, du côté du port Génois, des carrières de gypse dont les Maures font du plâtre. Il importerait d'examiner la nature et le gisement de ce gypse, de voir si ce sont par exemple des couches intercalées dans un dépôt tertiaire ou des amas formés intérieurement d'anhydrite et ne présentant de gypse hydraté qu'à l'extérieur, comme ceux de Rocquevaire, dans le département des Bouches-du-Rhône, et d'un grand nombre de points des Alpes, des Cévennes et des Pyrénées.

Les montagnes voisines de Mascara, dit M. Desfontaines, sont calcaires. Quelques-unes sont couvertes d'une terre blanche comme la neige; on y trouve aussi du gypse (***).

A côté de ruines fort étendues, dit M. Desfontaines, il y a plusieurs sources qui découlent des montagnes de Trara, près de Tlemcen, et un ruisseau d'eau salée; ces montagnes sont gypseuses. A l'extrémité elles sont couvertes d'une terre rouge qui contient beaucoup de fer. J'y ai aussi

---

(*) T. I", p. 297.

(**) *Revue du* XIX* *siècle*, janvier 1838.

(***) *Nouvelles Annales des Voyages*, t. XLVI, p. 347.

trouvé, dit M. Desfontaines, des pierres figurées comme celles de Florence (*).

A ce portrait il est aisé de reconnaître le système de gypses accompagnés de sources salées de la Catalogne et de la Navarre.

Quelques relations de gisement ont aussi été observées entre les dépôts salifères et les sources bitumineuses. Des sources de cette dernière espèce existent dans la régence d'Alger. On trouve à peu près à 30 lieues au sud de la capitale, et à 100 lieues en ligne droite de Carthage, une source de goudron appelée *ayn Kitran* (**).

Le tombeau du saint tutélaire des *Welled-Seedy-Eesa* se trouve, dit Shaw, à cinq lieues de *Sour-Guslan*. D'un côté de ce tombeau se voit un grand rocher, et de l'autre se trouve la *ain-Kidran* ou *la source du goudron*, qu'ils disent leur avoir été accordée miraculeusement par leur premier père, et dont ils se servent pour oindre leurs chameaux au lieu de goudron ordinaire (***).

Il ne s'agit ici que d'une source de goudron qui sans doute n'en fournit pas une très grande abondance, mais il n'y aurait rien d'étonnant à ce que les grès tertiaires de l'Algérie renfermassent, comme ceux de Seyssel, de Lobsann et de Dax, des couches imprégnées de bitume. Aujourd'hui que le bitume est devenu à Paris et dans d'autres grandes villes un des matériaux de construction les plus recherchés, il serait fort utile de découvrir de pareilles couches qu'on pourrait exploiter en Afrique presque aussi utilement qu'en Europe.

D'après M. Desfontaines (****), le sel de nitre aussi bien que le sel marin est fort abondant dans certaines parties de la régence de Tunis, la terre en est souvent imprégnée; à quelques lieues de Kairouan, on en trouve en quantité dans une très grande étendue de terrain. On en fait de la poudre à canon.

D'après Shaw (*****), on retire du salpètre près de Tlemcen, de la terre ordinaire qui est ici noirâtre; à Dousan, à Kairouan et en quelques autres endroits, on en tire d'une terre grasse dont la couleur est entre le rouge et le jaune. Les bords de plusieurs rivières, quelquefois à

(*) *Nouvelles Annales des Voyages*, t. XLVI, p. 337.

(**) M. Dusgate, notes jointes à l'ouvrage de M. Dureau de la Malle, sur la topographie de Carthage, p. 241.

(***) Shaw, *Voyages dans plusieurs provinces de la Barbarie*, t. 1er, p. 105.

(****) Lettre à M. Lemonnier, *Nouvelles Annales des Voyages*, t. 1er, p. 63.

(*****) T. 1er, p. 295.

deux ou trois brasses de profondeur, sont tout couverts en été de morceaux de sel ou de nitre.

Le gisement et l'origine de ces matières salines doivent attirer l'attention de la personne chargée de la géologie dans la prochaine expédition.

Le sol de la Barbarie présente d'assez nombreux indices de gîtes métallifères. Des mines métalliques y ont été ou y sont encore exploitées. On en cite d'or, de cuivre, de fer, de plomb, d'argent; il y existe aussi des lavages d'or. Il est peu probable qu'aucun des gîtes dont il s'agit puisse, au moins d'ici à long-temps, acquérir une importance industrielle : toutefois, si l'occasion s'en présente, on ne devra pas omettre d'en observer le gisement, soit en lui-même, soit dans ses rapports plus ou moins évidents avec les grands accidents du sol, avec les masses de sel gemme, de gypse ou de roches éruptives, ou avec la position des sources salées ou des sources thermales.

Je consigne dans une note ci-jointe (8) les renseignements que j'ai pu recueillir sur ces divers gîtes métallifères.

La collection minéralogique du Jardin des Plantes possède deux diamants qui ont été vendus à cet établissement comme provenant de la province de Constantine où ils auraient été trouvés dans des terrains meubles superficiels.

Pline avait déjà parlé de diamants provenant de ces contrées.

Cette double indication mériterait d'être vérifiée. *Voy.* la fin de la note (8).

Il paraît, d'après le récit de l'abbé Poiret et d'après celui de M. Desfontaines, qu'il existe des roches volcaniques, ou d'une apparence volcanique dans les montagnes de la régence d'Alger. L'abbé Poiret dit que sur plusieurs de ces montagnes il a rencontré fréquemment des restes de volcans éteints, des scories, des espèces de pierres ponces noirâtres, quelques laves, et diverses substances que le feu avait évidemment changées ou vitrifiées. Les montagnes qui avoisinent la Calle, dit-il, et qui s'avancent dans le pays des Nadis, sont presque toutes volcaniques.

A quelques lieues à l'ouest d'Oran, dit M. Desfontaines, on trouve des rochers d'une pierre légère, noirâtre, poreuse comme une éponge, qui paraît être une lave de volcan (*).

Malheureusement ces renseignements sont trop vagues pour qu'on puisse deviner précisément de quelle espèce de roche volcanique il s'agit, mais ils méritent de fixer l'attention.

Quelques autres documents renfermés dans la note (9), indiquent en

(*) *Nouvelles Annales des Voyages*, t. XLVI, p. 843.

divers points de l'Algérie des roches prismatiques ou des roches porphyriques qui paraissent devoir être d'origine éruptive.

Toutes ces roches méritent d'être examinées avec le plus grand soin. On devra décrire et dessiner toutes les circonstances de leur gisement et en rapporter des collections nombreuses et soignées.

Malgré les nombreuses difficultés que M. Rozet a rencontrées dans ses excursions aux environs d'Oran, il a su reconnaître et signaler dans les schistes, les grès, les calcaires et les dolomies de la pointe de Mers-el-Kebir et du cap Falcon, un grand nombre de circonstances curieuses qui doivent faire désirer que la personne chargée de la géologie dans la prochaine expédition, puisse visiter ces localités avec loisir et sécurité.

Dans la baie du fort Génois, près de Bonne, on trouve un micaschiste renfermant de nombreux grenats souvent agrégés en grosses masses. On y trouve aussi du calcaire saccharoïde. Le gisement de ces roches mérite d'être étudié avec soin et comparé à celui des roches cristallines des environs d'Alger et d'Oran. Il y a lieu d'examiner si ces roches doivent être rapportées à la classe des anciennes roches cristallines vulgairement nommées primitives, ou si ce sont, comme les marbres de Carrare et une partie de ceux des Pyrénées, des roches secondaires à l'état *métamorphique*.

Quelques autres indications que je renvoie à la note (10), peuvent faire présumer l'existence en d'autres points de la côte de masses dues à l'altération de roches préexistantes.

Les collines qui bordent la côte de la Méditerranée depuis Sydi-Efroudj jusqu'au fond de la baie d'Alger, et la falaise du cap Matifou sont formées par un schiste talcqueux en strates très contournées, qui renferme des couches subordonnées plus ou moins abondantes d'un calcaire gris, bleu turquin, bleu turquin carburé, saccharoïde ou sub-lamellaire, mais presque jamais compacte. On ne saurait assez recommander l'examen des parties compactes de ce calcaire dans lesquelles on peut espérer de trouver des fossiles propres à fixer l'âge géologique de ce système de roches, qui elles-mêmes, peut-être, sont en grande partie métamorphiques. Des recherches suivies y feront peut-être aussi découvrir des empreintes végétales dans le voisinage des veines d'anthracite que M. Rozet signale dans plusieurs points de ce terrain, notamment près du cap Matifou. Les grenats et les mâcles que M. Rozet mentionne en divers points de ce terrain, notamment au mont Bou-Zaria, présentent aussi de l'intérêt comme terme de comparaison avec les minéraux du même genre observés dans d'autres terrains métamorphiques, par exemple, au Pic du midi de Bigorre, et en divers points de la Bretagne.

3..

C'est dans ce terrain entre le cap *Caxine* et Ras-Agnathyr, au milieu de falaises d'une hauteur, uniforme que se trouvent les carrières d'où l'on a tiré presque tous les matériaux qui ont servi à construire les fortifications d'Alger. Ces carrières, ainsi que celles de pierre à chaux, pourront donner des facilités pour les observations.

M. Rozet mentionne parmi les roches qui constituent les collines voisines d'Alger, une roche très feldspathique dont il signale les rapports non-seulement avec le gneiss mais encore avec le leptimite et le pegmatite; il prononce même le nom de granite dans un endroit de son mémoire. Les roches sont enchâssées dans le système des roches schisteuses anciennes, mais le mode de leur encbâssement peut être encore l'objet de quelques incertitudes et mériterait de nouvelles observations. Il ne serait pas impossible que ces roches formassent au milieu des schistes soit des filons, soit des masses injectées d'une forme irrégulière.

Outre les sources et les ruisseaux salés dont il a été question précédemment, la Barbarie abonde, dit Shaw (*), en eaux sulfureuses ou chargées d'autres substances minérales. Outre l'*Ain-Kidran* (source de goudron déjà citée plus haut) et la *Hamadh*, qui est une fontaine minérale fort considérable, près de la rivière Bishbesh, nous devons mettre dans cette classe leurs différents *Hammams* ou bains chauds. L'*Aïn-el-Houte* et la plupart des sources du Jereed ne sont guère plus que tièdes; mais un grand nombre d'autres dont Shaw cite quelques noms possèdent des températures plus ou moins élevées. M. Desfontaines a aussi visité plusieurs de ces sources thermales dont quelques-unes étaient restées inconnues à Shaw. M. Dureau de la Malle et M. Dusgate en indiquent aussi; je me bornerai ici à énumérer ces diverses sources thermales : ce sont celles de *Hammam-el-Enf*, à 8 milles géographiques de Carthage ; de *Cafsa* ou Caspa, à 70 lieues de Tunis vers le sud; de *Hammam Meskoutine*, à 4 milles à l'est du camp de Mjez-Hammar; de *Constantine ;* des bords de l'*Arach*, à 3 lieues de son embouchure; de *Gurbos; d'Hammaïte;* de *Melwan;* de *Seedy-Ebly;* d'*Agreese ;* d'*Elelma*, d'*El Hammah*, de *Mereega*, à 8 milles à l'E.-N.-E. de Maliana, à peu près à moitié chemin entre le Scheliff et la mer. Celle de *Hammam-Altaf*, à 2 lieues au-delà de Scheliff sur la route d'Alger à Tlemcen. Celle des bords de l'*Oued-el-Hammam* entre Mascara et Tlemcen; celle d'*Oran ;* celle des *bords de la Tafna* , sur le chemin de Tlemcen à Maroc.

La relation qui existe entre la position de ces sources thermales et celle

---

(*) Tome I, page 299.

des grands accidents orographiques n'avait pas échappé à l'œil pénétrant de Shaw. *Caspa*, dit-il (*), est située près de hautes montagnes, mais les sources qu'on y trouve sont dans la partie orientale de la ville et à plusieurs stades desdites montagnes. Les bains de *Leef*, de *Gurbos*, d'*Hammaïte*, d'*Oran* et de *Mellwan* sont tous au pied de hautes montagnes; ceux de *Mereega* et de l'*Aïn-el-Houte* sont au milieu des monts, et ceux de *Hammam-Meskoutine*, d'*Elelma* et de *Seedy-Ebly* sont dans un terrain entre-coupé de plaines et de collines.

Cette relation de position ne pourra manquer de fixer aussi l'attention du géologue de l'expédition.

L'existence de ces nombreuses sources thermales se joint à celle d'une partie des roches dont j'ai mentionné l'existence en divers points de l'Algérie pour indiquer que ce pays a été travaillé, à des époques peu éloignées, par des agents souterrains dont les foyers intérieurs ne sont pas complétement éteints; le reste de vigueur que ces foyers ont conservé se manifeste aussi par de fréquents tremblements de terre. La recherche et l'examen des traces que des tremblements de terre, plus ou moins anciens, peuvent avoir laissées dans ce pays doit être recommandée au géologue de l'expédition.

J'ai déjà rappelé ci-dessus les observations de M. Rozet sur les brèches à ciment de travertin ferrugineux, renfermant des coquilles d'espèces actuellement vivantes qui couronnent les falaises près d'Oran et d'Alger, où elles s'élèvent quelquefois à 75 mètres au-dessus de la mer. De son côté, l'abbé Poiret a cru observer près de la Calle, à un demi-quart de lieue dans les terres, des traces d'un ancien rivage que la mer aurait abandonné. Ses indications, un peu vagues à cet égard, font l'objet de la note (11).

Ces différents faits réunis, surtout si de nouvelles observations les confirment et les multiplient, sembleraient indiquer que la côte d'Afrique aurait subi, à une époque très récente, un mouvement d'élévation comparable à celui que dénotent les coquilles fossiles récentes de la presqu'île du Saint-Hospice, près de Nice, celles observées par M. de la Marmora aux environs de Cagliari, et celles renfermées dans l'alluvion marine qui enveloppait les colonnes du temple de Sérapis, près de Pouzzoles. Dans tous les cas, les faits dont il s'agit méritent un examen attentif.

Les faits géologiques et physiques dont je viens de réunir les indications tendent, malgré leur isolement, à jeter quelque jour sur l'époque

---

(*) T. I⁷, page 301.

à laquelle les montagnes de la Barbarie ont reçu les derniers traits du relief qu'elles vous présentent. Il est permis d'espérer que la personne qui sera chargée de la géologie dans la prochaine expédition, achèvera de répandre la lumière sur cette question.

Déjà le fait de l'élévation à plus de 1200 mètres de quelques-uns des plateaux que forme près de Medeya le terrain tertiaire sub-atlantique, la présence dans les montagnes de l'Atlas de masses de gypse, de sel gemme, de sources salées, et de sources bitumineuses qui rappellent celles qui font partie du système des ophites en Catalogne, en Navarre et dans les landes de Gascogne ; l'existence en divers points de la Barbarie de sources thermales ; celle de roches d'origine volcanique, ou au moins d'origine éruptive ; la répétition encore fréquente dans ces mêmes contrées des secousses de tremblement de terre, tout annonce une contrée récemment bouleversée par de violentes commotions. J'ai montré ailleurs que la considération de la direction générale de l'Atlas, qui est parallèle à celle de la chaîne principale des Alpes et aux zones des ophites, pouvait conduire presque seule à prévoir ce résultat (*).

D'un autre côté, la discordance de gisement signalée par M. Rozet entre les calcaires secondaires et le terrain tertiaire sub-atlantique ; le fait que les calcaires secondaires qui constituent le noyau des montagnes de l'Atlas en forment aussi les cimes et ne sont recouverts que sur leurs flancs par les assises tertiaires : cette double circonstance tend à prouver que le sol de la Barbarie avait été disloqué entre la période secondaire et la période tertiaire, et que des crêtes nombreuses s'y étaient élevées au-dessus des flots. Cette conclusion était aussi indiquée d'avance par le parallélisme qui existe entre un grand nombre de chaînons de montagnes du nord de l'Afrique et les chaînons du système des Pyrénées (**).

Mais les deux directions des Pyrénées et de la chaîne principale des Alpes ne sont pas les seules qui se dessinent dans ces contrées. On y distingue aussi la direction du système des Alpes occidentales, peut-être même celle du système des îles de Corse et de Sardaigne, dirigée du nord au sud. Je demande à l'Académie la permission d'appeler sur ces questions l'attention de la personne qui sera chargée de la géologie dans la prochaine expédition. Je reproduis à cet effet dans la note (12) ci-jointe les aperçus et les conjectures que j'avais publiés quelque temps avant la conquête d'Alger.

(*) *Annales des Sciences naturelles*, t. XIX, p. 220.
(**) Voy. *Annales des Sciences naturelles*, t. XVIII, p. 318.

Les observations déjà faites et rappelées ci-dessus ne permettent pas de douter que le sol de l'Algérie parcouru à loisir, ne présentât au géologue une ample moisson de faits importants pour la science.

La détermination précise de l'âge relatif des couches secondaires et tertiaires qui se voient dans les divers chaînons de l'Atlas et dans leurs intervalles; l'examen des traces de dislocation qu'elles présentent dans ces montagnes; celui des masses de gypse et de sel gemme qui s'y trouvent, la recherche des dolomies, compagnes habituelles de ces dernières roches; la relation de la position de ces masses avec les formes disloquées des montagnes; celle des positions des sources salées, des sources thermales, des gîtes métallifères avec les grandes lignes de fracture; l'examen des roches volcaniques qui se montrent en différents points; celui des sables des déserts; et d'autres questions de détail déjà mentionnées plus haut fourniraient une ample matière de recherches.

Indépendamment de ces recherches purement scientifiques, des recherches d'un assez grand intérêt industriel se présenteront aussi à l'ingénieur des mines chargé de la géologie dans la prochaine expédition.

Ce sont moins les gîtes métalliques déjà signalés que nous recommandons à son attention, que les gîtes de combustibles.

Les besoins toujours croissants de la navigation à la vapeur, qui forme déjà la voie principale de communication entre la France et l'Algérie, rendraient très importante la découverte, sur les côtes de ce pays, de mines un peu abondantes de combustibles fossiles. Malheureusement les faits connus jusqu'à ce jour donnent peu de motifs d'y espérer la découverte d'aucune mine de véritable houille. Mais l'abondance des terrains tertiaires dans toutes les parties de la ci-devant régence d'Alger, la certitude à peu près acquise que ces terrains ont été déposés au pied de nombreux chaînons du système pyrénéen, qui suivant toute apparence étaient couverts à cette époque reculée d'une végétation abondante, donne lieu d'espérer que les gîtes de lignite de la Provence, de la Suisse, de l'ancien état de Gènes, pourraient avoir leurs représentants sur la côte barbaresque. Les lignites de la Provence, du duché de Gènes, ceux de Semsales et de Notre-Dame des Vaux, en Suisse, ont été souvent employés avec avantage pour la navigation à la vapeur. Il serait éminemment utile d'en découvrir de pareils sur la côte de l'Algérie. Le combustible qu'on pourrait en tirer n'aurait pas besoin d'être de la meilleure qualité possible pour pouvoir servir très utilement pour la cuisson de la chaux nécessaire aux constructions, et utile peut-être à l'agriculture.

On devra donc s'attacher avec un grand soin à reconnaître sur la côte d'Alger l'étage des terrains tertiaires dans lequel se trouvent les lignites de Provence ; celui (peut-être différent) dans lequel M. Virlet a signalé des lignites dans l'île d'Iliodroma, qui fait partie de l'Archipel du Diable, dans la mer Égée ; l'étage de terrain (tertiaire ou crétacé) dans lequel les recherches ordonnées par le pacha d'Égypte ont fait reconnaître et mettre en exploitation, en Syrie, divers gîtes de combustibles, etc.

Cette recherche pourrait obliger l'ingénieur qui en sera chargé à faire des voyages de l'Algérie en Provence et de Provence en Algérie, dans le but de faire des comparaisons qui ont souvent besoin d'être minutieuses pour être utiles dans la pratique.

Mais je reviens aux questions scientifiques générales dont les recherches de matières exploitables ne seront qu'un corollaire. Des courses faites à plusieurs reprises et sous plusieurs méridiens différents de la mer au Sahara, et du Sahara à la mer, en franchissant les Atlas, permettraient seules de les aborder pleinement. C'est dans les flancs et sur les crêtes des montagnes, dans les défilés où différentes rivières coupent plusieurs de leurs chaînons, que la plupart de ces questions doivent trouver leur solution définitive.

Malheureusement l'état actuel de l'Algérie ne permet pas de songer, quant à présent, à l'exécution d'un pareil plan. Il est même difficile d'espérer que la personne chargée de la géologie dans la prochaine expédition, puisse faire de grandes excursions autrement qu'en s'adjoignant aux expéditions militaires. C'était principalement en s'adjoignant aux troupes envoyées par les deys pour lever les tributs que M. Desfontaines parvenait, il y a plus de soixante ans, à parcourir la Barbarie avec sécurité. Une forte escorte serait encore plus nécessaire aujourd'hui.

On ne peut que recommander au géologue de l'expédition de saisir les occasions que pourront lui offrir les expéditions militaires. On peut espérer que les environs de Constantine, les routes de Constantine à Bone, à Stora et à Alger seront successivement parcourues par lui avec sécurité ; il y trouvera probablement d'utiles observations à faire. Il est probable qu'on pourra aussi lui donner les facilités nécessaires pour bien explorer les environs d'Oran qui paraissent mériter d'être particulièrement recommandés à son attention.

Mais on doit prévoir que les expéditions militaires qui lui permettront de parcourir diverses parties du pays ne se feront qu'à des intervalles éloignés, et songer que circonscrit pendant les autres moments dans les rayons de nos garnisons, il aura promptement épuisé ce qui peut s'y offrir à l'observation ; il faut donc songer à lui créer un moyen d'employer ces intervalles d'une manière utile pour la science.

On pourra y parvenir, au moins pendant le cours d'un été, en lui donnant des moyens sûrs et commodes de visiter par mer tous les points accessibles de la côte et tous les îlots qui la bordent. Le zoologiste chargé de l'exploration du littoral aura besoin d'un bâtiment tenu constamment à sa disposition ; le géologue et le zoologiste pourront combiner leurs mouvements ; ces deux savants, loin de se gêner, pourront se prêter un mutuel secours.

Il peut sembler, au premier abord, que l'exploration du littoral soit pour la zoologie une ressource fort précaire, et sans aucun doute elle présenterait moins d'intérêt que n'en offrirait celle des chaînes de l'Atlas ; mais elle ne sera pas elle-même sans fruit. On ne doit pas oublier que les éléments de l'un des ouvrages les plus remarquables de la géologie moderne, celui du professeur Mac-Culloch, sur les îles occidentales de l'Écosse, ont été recueillis dans un voyage fait par mer, sur un bâtiment de la marine anglaise, en débarquant toutes les fois qu'il y avait de l'intérêt à le faire.

La côte de l'Algérie, sans présenter le même genre d'intérêt que les côtes des îles d'Écosse, paiera aussi, mais d'une autre manière, la peine de celui qui l'explorera avec soin et détail.

Les faits connus rendant très probable que toutes les montagnes de l'Algérie ont été soulevées depuis le dépôt des roches secondaires de ces contrées, il est à peu près certain que toutes les couches qui entrent dans la composition des chaînes de l'Atlas, viennent affleurer le long de la côte dans les falaises qui la bordent. Ainsi, un examen complet des côtes pourrait permettre de former des collections de toutes les grandes formations de l'Algérie, d'y recueillir peut-être la plus grande partie des fossiles de ces formations, et de fixer leur âge relatif.

C'est en outre sur la côte que se sont montrés les lambeaux de roches volcaniques et de roches primitives connues jusqu'à ce jour, et la côte mérite d'autant plus d'être recommandée pour la formation des collections, que les localités du littoral seront presque les seules dans lesquelles la facilité des transports permettra de multiplier les échantillons.

En outre, les escarpements verticaux des falaises sont de toutes les aspérités de l'écorce terrestre celles de la structure géologique desquelles il est le plus facile de donner une idée par des vues coloriées géologiquement. Le géologue de l'expédition devra employer ce langage graphique le plus souvent possible, soit en dressant lui-même des vues des falaises,

4

soit en se servant des vues pleines de caractère et de vérité qui ont été publiées par MM. Bérard et Tessan.

Un périple géologique des côtes de l'Algérie, exécuté sur ce plan d'une manière complète, serait, sans aucun doute, un travail très instructif, et donnerait indirectement des lumières très étendues sur la composition du sol de l'intérieur du pays.

Malheureusement, il est à craindre que ce projet ne puisse lui-même s'exécuter que d'une manière restreinte, parce que dans beaucoup de points de la côte il sera difficile ou même impossible de débarquer; mais les îles et les îlots semés dans la mer à peu de distance, pourront du moins être très complétement examinés, et cet examen pourrait à lui seul résoudre beaucoup de questions.

Aucune des îles dont il s'agit n'est considérable : la plus grande de toutes, *la Galite*, n'a qu'environ une lieue de longueur et 476 mètres de hauteur; mais on en compte un grand nombre qui sont répartie dans toute l'étendue du littoral :

1°. L'île de la Galite,
2°. L'île de Tabarque,
3°. L'île Collo,
4°. L'île Pisan,
5°. L'île Mansouriah,
6°. Les îles Cavallo,
7°. L'île Berinshel,
8°. Les îlots du cap Falcon,
9°. L'île Plane,
10°. L'îlot du cap Sigale,
11°. Les îles Habibas,
12°. L'îlot du cap Figalo,
13°. L'île Areschqoul,
14°. Les îles Zafarines.

Je crois inutile de développer ici les diverses chances d'observations que paraissent présenter ces diverses îles et îlots. J'ai consigné ces détails et ceux du même genre relatifs à divers points de la côte, dans une note ci-jointe (13), où, pour plus de commodité, je les passe successivement en revue, en marchant de l'est à l'ouest.

L'île volcanique d'Alboran, placée au milieu du canal qui sépare l'Afrique du royaume de Grenade, a déjà été étudiée par MM. Webb et Berthelot, dont malheureusement le travail n'a pu être publié par suite de circonstances étrangères à la science. Elle pourrait être comprise avec fruit dans les explorations de la Commission.

On pourrait aussi s'arranger pour visiter en allant en Afrique ou en revenant, les îlots des Colombrettes situés sur les côtes du royaume de Valence; déjà ces îles sont en partie connues par les cartes, les dessins et les remarques du capitaine Smyth. La composition des roches en partie éruptives dont elles sont composées, et la structure cratériforme de quelques-unes d'entre elles promettent des résultats intéressants.

Quant aux îles et îlots qui bordent la côte de l'Algérie, on sait déjà par les observations de MM. Bérard et Tessan, et par celles de quelques autres observateurs, que leur composition est variée, et il est en soi-même probable que la plupart des roches qui existent sur la côte, se trouvent dans quelqu'une d'entre elles.

Ces îles étant inhabitées et présentant toutes des mouillages pour de petits bâtiments, celui qui sera à la disposition du zoologiste et du géologue de l'expédition, pourra les y conduire successivement et les y faire séjourner avec autant de sécurité que dans une place occupée par nos troupes. Ainsi, rien de ce qu'elles peuvent offrir à l'observation ne pourra leur échapper, et ils pourront y faire des collections complètes qui, très probablement, comprendront non-seulement toutes les productions littorales de la contrée, mais même toutes les variétés principales des roches de l'Algérie.

En combinant les observations faites sur ces rochers solitaires, battus et dénudés par les vents et les flots, avec celles que pourront lui offrir les rayons militaires des villes occupées par nos troupes, le géologue se familiarisera avec la composition des roches de l'Algérie et avec les accidents pittoresques et topographiques par lesquels la présence de ces roches se manifeste habituellement à l'extérieur, et se mettra dans le cas de reconnaître, même à distance, la présence de ces roches et de profiter d'une foule d'occasions passagères et fugitives pour constater leur présence en divers points de la côte ou de l'intérieur, et même pour deviner la composition d'un grand nombre de cimes de l'intérieur fortement caractérisées par les formes accidentées que MM. Bérard et Tessan ont déjà parfaitement dessinées dans leurs projections orthogonales et leurs vues nautiques de la côte.

Indépendamment des moyens de transport et de sécurité qui, dans la prochaine expédition, seront pour le géologue les premiers et les plus indispensables des moyens de travail, il sera nécessaire qu'il soit muni des objets suivants :   4..

1°. Des réactifs et instruments nécessaires pour faire à Alger même une première analyse des minéraux intéressants qu'il aura recueillis. Je joins ici, dans la note (14), la liste de ces objets, dont le prix ne dépassera pas 3 à 400 francs.

2°. Pour pouvoir reconnaître au moins une partie des fossiles qu'il recueillera, il devra avoir avec lui à Alger l'ouvrage de Brocchi (*) sur les collines subapennines, la partie géologique de l'ouvrage de Morée (**) et l'ouvrage de M. Philippi sur les coquilles de la Sicile (***). Il est fort probable qu'une grande partie des coquilles du terrain tertiaire sub-atlantique sont déjà figurées et décrites dans ces ouvrages de manière à pouvoir être facilement reconnues.

3°. Toutes les cartes de l'Algérie publiées récemment par les dépôts de la guerre et de la marine, et même tous les plans imprimés et manuscrits, devront être mis à sa disposition.

4°. On devra lui fournir en outre une boussole divisée en degrés et munie d'un petit pendule en platine pour la mesure des inclinaisons;

5°. Un petit sextant pour les relèvements et la mesure des pentes peu considérables ;

6°. Une *camera lucida* pour dessiner les vues des montagnes et des falaises;

7°. Deux baromètres à siphon de Bunten avec un tube de rechange pour chacun d'eux;

8°. Deux petits thermomètres pour la mesure de la température de l'air ;

9°. Deux autres thermomètres plus gros pour mesurer les températures des sources.

Tous ces instruments fragiles doivent être en double pour qu'il s'en trouve un de rechange si le premier vient à être cassé.

Quoique l'hypothèse de la formation des chaînes de montagnes et des continents par voie de soulèvement tende à diminuer de beaucoup l'importance qu'on attribuait autrefois en géologie à la connaissance des hauteurs auxquelles telle ou telle couche a été observée, la mesure des hauteurs doit cependant encore être recommandée à la personne chargée de la géologie. Il n'est jamais tout-à-fait sans intérêt, même pour la géologie, de savoir que tel dépôt de coquilles marines a été observé à telle hauteur, sur les flancs de telle ou telle chaîne, et les mesures de hauteur ont en

(*) Brocchi; *Conchiologia fossile subapennina.*

(**) *Expédition scientifique de Morée. — Géologie et Minéralogie ;* par MM. Boblaye et Virlet, 1833.

(***) Philippi; *Enumeratio moluscorum Siciliæ,* Berlin, 1836.

outre de l'utilité pour la topographie, pour la géographie physique, pour la météorologie et pour la géographie botanique.

Indépendamment de l'observation des sources thermales et des sources ordinaires, qui intéresse à la fois la physique du globe et la géologie, tout le monde comprend qu'un savant dont les études ont embrassé la physique ne manquera pas de profiter des occasions qui pourront s'offrir à lui pour observer, à l'aide des instruments dont il sera muni, les phénomènes météorologiques et hydrographiques qui pourront frapper ses regards, et il est naturellement sous-entendu que toutes les facilités possibles lui seront données sous ce rapport.

NOTE (1). — *Liste des publications relatives à la constitution du sol de l'Algérie.*

Les principaux ouvrages et documents qui renferment des données sur le sol de l'Algérie sont :

Le Voyage de Shaw, publié en 1738.

Celui de l'abbé Poiret, publié en 1789.

La Préface de la *Flore atlantique* de M. Desfontaines.

Plusieurs lettres et fragments détachés écrits par ce célèbre botaniste et insérés dans les *Nouvelles Annales des Voyages* (année 1830).

Les ouvrages de M. Rozet, capitaine d'état-major, qui a fait partie de la première expédition d'Afrique en 1830.

La description nautique des côtes de l'Algérie, et le bel Atlas de Cartes marines des côtes de la régence d'Alger, dont la science est redevable à M. Bérard, capitaine de frégate, et à M. de Tessan, ingénieur hydrographe.

Enfin, divers fragments détachés imprimés dans des écrits périodiques, et particulièrement dans les *Nouvelles Annales des Voyages* (année 1830), dans la *Revue du* XIXᵉ *siècle*, dans la *France littéraire*, etc.

On peut aussi consulter l'ouvrage de M. Genty de Bussy, conseiller d'État, intitulé : *De l'établissement des Français à Alger.*

De plus, les écrits de M. Dureau de la Malle, de l'Académie des Inscriptions et Belles-Lettres, quoique principalement relatifs aux antiquités et aux géographies ancienne et moderne comparées entre elles, renferment cependant aussi beaucoup de détails relatifs à la géographie physique et minéralogique.

Voyez : 1° *Recherches sur l'Histoire de la partie de l'Afrique septentrionale connue sous le nom de régence d'Alger*, etc., par une commission de l'Académie royale des Inscriptions et Belles-Lettres, publiées par ordre du ministre de la Guerre, 1835.

2°. *Province de Constantine*, recueil de renseignements pour l'expédition ou l'établissement des Français dans cette partie de l'Afrique septentrionale ; par M. Dureau de la Malle. Paris, 1837.

3°. *Recherches sur la topographie de Carthage ;* par M. Dureau de la Malle, avec des notes, par M. Dusgate.

Je dois, en outre, plusieurs renseignements importants à M. Dusgate et à M. J. Texier, commissaire du Roi à Mostaghanem.

Note (2). — Les plus grandes montagnes du petit Atlas, dit M. Desfontaines, telles que le Jurjura sur le chemin d'Alger à Constantine, celles de Bélida, à 12 lieues au sud d'Alger, de Mayana, de Cericé, à 25 lieues au sud-ouest de cetteville, ne conservent les neiges que jusqu'au commencement de mai (*).

Le Jergera ou Jurjura, dit ailleurs M. Desfontaines, la plus élevée des montagnes de l'est de la Régence égale au moins nos moyennes Alpes. Le sommet est tout rocher, on y voit plusieurs pics dont quelques-uns paraissent inaccessibles. Le dernier du côté de l'est est en pain de sucre et fort élevé; il en découle pendant l'hiver, un grand nombre de torrents qui se jettent dans la rivière de Bougie qui y prend sa source du côté du midi. Il n'y avait point de neiges en septembre, dit M. Desfontaines, mais on m'assura que dans la partie du nord il y en a toujours (**).

M. Léopold de Buch a bien voulu me communiquer la note ci-dessous qui lui a été remise autrefois par M. Desfontaines.

« Les montagnes de Tunis et d'Alger se prolongent de l'est à l'ouest parallèlement à
» la Méditerranée. Elles vont en s'élevant vers l'ouest; ainsi les montagnes d'Alger
» sont plus hautes que celles de Tunis. Je n'ai jamais observé de roches granitiques
» dans toutes les montagnes que j'ai parcourues à Tunis et à Alger; j'ai rencontré des
» schistes dans quelques endroits, tout le reste est calcaire. Les montagnes les plus éle-
» vées que j'ai vues sont : 1° celles de Belide, à 12 lieues sud d'Alger; 2° celles qu'on
» nomme *Jergera*, entre Alger et Constantine; celles de Mayana, à 24 lieues vers le sud-
» ouest en allant du côté de Maroc; 4° celles de Cericé, à 20 lieues au-delà de la Mandia
» vers l'ouest. J'ai passé au pied de ces dernières en allant à Tlemcen, mais je ne les ai
» pas visitées parce qu'elles sont habitées par une peuplade indomptée. Elles m'ont paru
» les plus élevées de toutes; cependant je n'y ai pas vu de neige à la fin de mai. Les ha-
» bitants d'Alger m'ont dit que dans la province de Titteri, située au centre du
» royaume d'Alger, il y avait des montagnes qui ne perdaient pas leur neige l'été,
» et qu'on en trouvait toujours dans les enfoncements (probablement 11 à 1200 toises
» au-dessus de la mer). »

M. de Buch, en me communiquant cette note, ajoute : Il me paraît qu'une partie des îles qui longent la côte de la Barbarie sont composées de trachyte et de tuff. Tuckey, dans sa *Maritime geography*, en décrit plusieurs; et MM. Webb et Berthelot ont décrit les îles Zapharines, quoique je ne sache pas que leur description très intéressante soit publiée.

Note (3). — Les montagnes désignées sous le nom de petit Atlas qui avoisinent Bélida et qu'on franchit au col de Ténia sur le chemin de Médeya, ont présenté à M. Rozet, une formation de marnes schisteuses alternant avec des strates de calcaires marneux gris ou noir. On y trouve aussi des couches subordonnées d'un grès calcaire grisâtre. Dans quelques parties, ces marnes passent à un phillade et même à une sorte de schiste ardoisé imparfait et toujours effervescent. M. Rozet a trouvé dans ce système, sur le chemin de la ferme de l'Aga à Médeya, quelques fossiles qui ont contribué à le lui

(*) *Nouvelles Annales des Voyages*, t. XLVII, p. 3o3.
(**) *Nouvelles Annales des Voyages*, t. XLVII, p. 83.

faire rapporter à la formation du lias. Ces fossiles étaient quelques fragments d'*huîtres*, de *peignes* indéterminables, de petites *possidonies*, quelques *bélemnites* et une petite *ammonite*.

D'après M. Desfontaines, le chemin d'Alger à Constantine traverse au-delà du Oued-Boujein, une quantité de ravins qui le rendent fort difficile. Le sol y est noirâtre et mêlé de petites pierres brisées ressemblant à l'ardoise. Les masses de rochers sont de la même pierre, elles sont disposées en couches, ordinairement obliques, et quelques-unes perpendiculaires (*). Cette description rappelle celle que M. Rozet donne des marnes schisteuses du petit Atlas près du col de Témia.

D'après M. Desfontaines, le défilé nommé les Portes de Fer, sur le chemin d'Alger à Constantine, est fort étroit et situé au fond d'un profond vallon, sur les côtés duquel sont des montagnes inaccessibles; ce défilé peut avoir 3 à 400 pas de longueur. Dans quelques endroits, il n'a pas plus de 6 à 8 pieds de largeur. Les rochers à droite et à gauche sont composés de couches étroites et perpendiculaires parallèles les unes aux autres ; ils s'élèvent dans quelques endroits à 5 ou 600 pieds. Ces couches sont elles-mêmes composées de petites couches horizontales. Les pierres sont calcaires et d'une couleur noirâtre. Il y a beaucoup de couches écroulées les unes au milieu des autres. Celles qui restent s'élèvent comme des pans de murailles, à une grande hauteur. Elles sont très perpendiculaires et leur intervalle est occupé par des arbres; la rivière qui coule au fond du vallon est très salée (**).

D'après M. Desfontaines, la ville de Constantine est bâtie sur un rocher plat et oblong, allongé du nord vers le sud où ils se termine en pointe. Ses couches sont calcaires et légèrement inclinées. Il y a à l'est de la ville un vallon étroit et très profond, au fond duquel coule, du sud au nord, une petite rivière ; ce vallon est coupé à pic ; les rochers qui en forment les bornes sont composés de couches légèrement inclinées (***).

D'après un article inséré dans la *Revue du XIXᵉ siècle* de janvier 1838, la ville de Constantine est bâtie sur un grand rocher calcaire dont les eaux de l'Oued-Rummel baignent le pied à l'est et au nord, et qui ne tient aux plateaux adjacents que par un isthme étroit de part et d'autre duquel naissent deux ravins profonds qui descendent vers la rivière en circonscrivant la ville des deux côtés où elle n'est pas baignée par ses eaux.

Le rocher de Constantine et le terrain adjacent sont calcaires. Sur le plateau de *Saata-Mansoura* se trouvent des carrières de pierre calcaire que l'on convertit en chaux dans les fours à chaux situés dans le ravin de *Schabtz-el-Ressas*.

Les rochers qui environnent la ville de Bone sont formés par un calcaire gris.

D'après M. Desfontaines, la plus considérable des rivières qui traversent la plaine de la Métidja est l'Arach, qui prend sa source du côté du Sahara, au midi d'Alger et traverse le mont Atlas où elle coule dans des ravins profonds, puis elle se jette dans le golfe d'Alger à environ trois lieues au sud de cette ville. Elle roule des marbres blancs

(*) *Nouvelles Annales des Voyages*, t. XLVII, p. 86.
(**) *Nouvelles Annales des Voyages*, t. XLVII, p. 87.
(***) *Nouvelles Annales des Voyages*, t. XLVII, p. 92.

et veinés, des spaths calcaires, des pierres ferrugineuses, des stalactites où l'on reconnaît très distinctement des troncs, des feuilles de plantes. J'y ai aussi observé, continue M. Desfontaines, des morceaux de fer spathique qui m'ont paru fort riches; deux sortes de grès, l'un jaunâtre dont les grains sont fort gros, et l'autre d'un grain beaucoup plus fin et d'une substance beaucoup plus compacte (*).

On ne trouve plus en Barbarie, dit Shaw, les carrières de marbre dont parlent les anciens; à voir même le peu qu'on en a mis dans les plus somptueux édifices de ce pays, on serait tenté de croire que ces carrières n'ont jamais existé ou bien que le marbre qu'on en a tiré a été transporté ailleurs; car les matériaux qu'on a employés dans tous les bâtiments antiques qui restent encore à Jol-Cæsarea, à Sitifi, à Cirta, à Carthage et ailleurs sont assez semblables en couleur et en qualité à la pierre de *Heddington* près d'Oxford (*).

La pierre de Heddington est un calcaire oolithique blanchâtre. Tout calcaire blanchâtre un peu sableux, à texture lâche et grossière, remplirait les conditions de ressemblance dont Shaw parle dans ce passage. Une partie de ces pierres calcaires proviennent peut-être du système tertiaire.

Note (4). — D'après un article inséré dans la *Revue du* xix° *siècle*, janvier 1838, la rivière de l'Oued-Rummel disparaît un instant au pied du rocher de Constantine, sous une voûte ou pont naturel. Là, le lit de la rivière est d'un beau marbre blanc, et on le nomme d'*Ar-el-Kham* (la maison de marbre). Cette même rivière forme une première cascade avant de passer sous le pont qui est au pied du rocher de Constantine; c'est celle dite de *Scherschar-Schoukka*. Sous le pont, cette rivière disparaît s'enfonçant sous une voûte naturelle nommée Gorra, qui a environ 100 mètres de longueur, et 50 à 60 de largeur; son intérieur, que les Arabes nomment Daleimetz (le passage obscur) peut être parcouru en prenant quelques précautions. Le lit de la rivière a une portée de fusil de largeur environ. A la sortie du souterrain elle forme une nouvelle cascade, c'est le Schercha de Schekkeba.

L'Oued-Rummel reçoit le tribut des eaux de quelques sources qui surgissent aux environs de la ville. Les sept fontaines (Seba Aïoun) du Cumerdied sur la colline de Nicella; les eaux de Aïn-el-Ghader, qui s'échappent des parois du précipice aux environs de Sidi-Rached à l'angle sud-est de la ville, tombent dans la rivière d'une hauteur de 30 mètres : celle de Aïn-el-Laouzen, sur la rive droite, entre le gué de Nijez-el-Ghanem et le pont; celles des fontaines de Sidi-Mabrouk, sur le plateau de Sata-Mansoura, de Sapsar (le peuplier), que le bey actuel a fait diriger par des conduits souterrains et réunir à celles de Aïn-el-Abab, dans un bassin près du pont, pour les besoins de la consommation; enfin les eaux de Aïn-el-Youd, qui s'échappent du milieu du cimetière des juifs sur le mont Sidi.

D'après M. Desfontaines, les montagnes qui avoisinent Tlemcen sont calcaires, et l'eau qui en découle en abondance les arrose et les fertilise. Derrière la ville il y a de grandes montagnes composées de trois couches posées les unes sur les autres. La pre-

---

(*) *Nouvelles Annales des Voyages*, t. XLVI, p. 319.
(*) Schaw, *Voyages dans plusieurs provinces de la Barbarie*, etc., t. I, p. 303.

mière est en plateau et présente des rochers nus coupés à pic, d'où tombent en cascade plusieurs ruisseaux. Il y a au sud de la ville, dit M. Desfontaines, un des plus beaux vallons que j'aie jamais vus. Des sources abondantes d'une eau aussi claire que le cristal, qui sortent de la première couche des montagnes, forment une rivière qui coule sous des voûtes d'arbres fruitiers en se partageant en divers canaux. Elle se précipite, tantôt en cascades, tantôt en nappes d'eau, dans des abîmes dont l'œil ose à peine sonder la profondeur. Les deux côtés du vallon sont formés par des rochers coupés à pic qui se perdent dans les nues, et d'où tombent plusieurs ruisseaux. A leur base sont des cavernes profondes qui servent de retraite à des Maures. Un ruisseau se précipite perpendiculairement de plus de deux cents pieds; on peut se promener entre le jet d'eau et la montagne qui est tapissée de mousse et de fougère. Il y a une cascade que j'ai remarquée entre toutes les autres : la rivière se précipite perpendiculairement deux fois d'une grande hauteur, puis elle coule en nappe sur un rocher incliné. Il semblerait que cette cascade a été faite de main d'homme, tant elle est régulière.

Tous les rochers sont calcaires et composés de couches horizontales peu épaisses, qui semblent avoir été formées par le dépôt des eaux.

En marchant pendant une heure vers l'ouest, on arrive à une fontaine intermittente seulement pendant l'été : le jet d'eau est au moins égal au corps d'un homme. Cette fontaine se nomme Aïn-Hattar; elle jaillit avec grand bruit.

Je n'ai jamais vu, dit M. Desfontaines, un pays si bien arrosé que celui de Tlemcen. Les habitants comptent environ deux milles fontaines dans l'espace d'environ deux lieues de longueur (*).

D'après Shaw, la principale source de la Habrah est à Nis-rag, où l'eau sort avec beaucoup de bruit et de rapidité.

D'après le même auteur, le premier cours du Shéliff, pendant trente-deux milles, est à l'Orient ; il reçoit alors le ruisseau de Midroe, village du Sahara, qui est à deux lieues des *septante sources* (**).

A une lieue au sud de Jibbel-Deera se trouve, dit Shaw, le *Phonne-Jin-Enne*, c'est-à-dire la source de la rivière *Jin-Enne*, laquelle, après avoir coulé dix lieues à travers un pays sablonneux et sec, se perd peu à peu dans les marais du Shott (***).

D'après M. Desfontaines, les bords du Sahara, jusqu'à cinquante ou soixante lieues du sud du mont Atlas, quoique rarement arrosés par les pluies, sont néanmoins fertiles en beaucoup d'endroits; à la vérité, on y récolte peu de blé; mais le dattier y croît en abondance. La fertilité de ce sol sablonneux et en apparence si aride, est due aux rivières et aux ruisseaux qui découlent des montagnes de l'Atlas et se perdent dans les sables du désert, comme dans une vaste mer, pour reparaître en divers lieux où ils forment même des lacs d'une étendue considérable (****).

Au-dessous de Nodor, ville située dans le Sahara, sur une montagne, se trouve, dit Shaw, la rivière Su-Sellim, qui, après avoir passé Go-Geeda, est absorbée dans

---

(*) *Nouvelles Annales des Voyages*, t. XLVI, p. 332.
(**) Shaw, *Voyages dans plusieurs provinces de la Barbarie*, t. Ier, p. 44.
(***) Shaw, *Voyages dans plusieurs provinces de la Barbarie*, t. Ier, p. 105.
(****) *Nouvelles Annales des Voyages*, t. XLVII, p. 327.

les sables du pays et devient *rashig*, comme disent les Arabes, c'est-à-dire ne coule plus ; ce qui est le cas de plusieurs autres rivières de Barbarie, comme Strabon l'avait remarqué il y a long-temps (*).

Note 5. — La hauteur moyenne, au-dessus du niveau de la mer, des collines sub-atlantiques situées derrière le petit Atlas, aux environs de Medeya, est de 1100 mètres ; quelques-unes (Ahouarah) s'élèvent jusqu'à 1,273 (**).

La chaîne du petit Atlas, qui limite au sud la plaine de la Metidja, s'élève jusqu'à 1,650 mètres au-dessus de la mer. Ainsi ses points les plus élevés dominent seulement de 377 mètres les points les plus élevés du terrain tertiaire aux environs de Médeya.

L'abbé Poiret dit qu'il a trouvé peu de fossiles sur les côtes, mais que dans l'intérieur des montagnes, du côté de Constantine et vers le désert de Sahara, les cames pétrifiées, les peignes et plusieurs autres bivalves sont plus communs.

M. Desfontaines raconte que pendant son séjour à Constantine le médecin du bey, qui était napolitain, lui donna plusieurs coquilles trouvées dans les montagnes voisines du Sahara. Il doit donc y avoir dans ces montagnes des gisements de fossiles assez bien conservés pour fixer l'attention des passants (***).

Les environs d'Oran sont formés en partie par un terrain tertiaire, remarquable entre autres choses par un gîte de poissons fossiles très bien conservés, que M. le professeur Agassiz regarde comme appartenant tous à une même espèce, l'*Alosa elongata*. Je dois à mon collègue M. Fénéon, ingénieur au corps royal des Mines, un échantillon très bien conservé de ces poissons fossiles des environs d'Oran, qui paraît se rapporter aussi à l'espèce ci-dessus. M. Agassiz a trouvé qu'un échantillon de tripoli d'Oran, contenant une impression de poisson (Alosa elongata), était presque exclusivement formé d'animaux microscopiques. Le fossile caractéristique de ce tripoli, que M. Ehrenberg rapporte avec doute au genre *Arcella*, avait été reconnu déjà dans un tripoli de Zante (****).

M. Bérard a recueilli aux environs d'Oran des bois silicifiés qui appartiennent probablement à ce dépôt tertiaire.

D'après des notes que M. Jules Texier, commissaire du roi à Mostaghanem, a bien voulu me communiquer, la ville de Mostaghanem est assise sur un calcaire sablonneux, dans lequel on trouve des silex et des empreintes de feuilles qui paraîtraient être des feuilles de vigne, de figuier, de laurier et de caroubier. On y trouve aussi des branches et des troncs d'arbres, parmi lesquels on distingue des troncs de figuier ; on y trouve aussi des feuilles de palmier. Ce banc se prolonge sous les hauteurs du fort de l'Est où on le perd de vue ; c'est sans doute un tuf moderne.

Le ravin qui se trouve sous les murs de cette ville entame des dépôts sablonneux, et l'on distingue les différents bancs qui composent le terrain ; ils sont tous horizontaux dans cette partie du territoire, et c'est une masse de sable dans laquelle on trouve

(*) Shaw, *Voyages dans plusieurs provinces de la Barbarie*, t. 1er, p. 72.
(**) Rozet, *Nouvelles Annales du Muséum*, t. II, p. 301.
(***) *Nouvelles Annales des Voyages*, t. XLVII, p. 94.
(****) *Bulletin de la Société géologique de France*, t. IX, p. 18.

des feuilles agglomérées par des sucs calcaires. Depuis les roches de Mostaghanem jusqu'à la mer, on voit paraître un calcaire ou une espèce de tuf employé aux constructions de la ville. Sur le rivage même, on voit des terres tourbeuses, des grès, des calcaires coquillers renfermant des couches épaisses d'argile pure ; peut-être trouverait-on là quelques indices d'un gîte de lignite.

La ville de Sher-Shell, dit Shaw, est fameuse par son acier et sa vaisselle de terre, dont les Kabyles et les Arabes du voisinage font un grand usage (*).

D'après Shaw, la ville de Nédrôme, située au pied des montagnes de Trara, un peu au sud-est de Twunt, est célèbre par ses poteries (**).

Note (6). — Les villages de *Wad-Reag* sont fournis d'eau d'une façon singulière : ils n'ont proprement ni fontaines, ni sources; mais les habitants creusent des puits à cent, quelquefois deux cents brasses de profondeur, et ne manquent jamais d'y trouver de l'eau en grande abondance. Ils lèvent pour cet effet, premièrement, diverses couches de sable et de gravier, jusqu'à ce qu'ils trouvent une espèce de pierre qui ressemble à de l'ardoise, que l'on sait être précisément au-dessus de ce qu'ils appellent *bahar-tâht-el-erd*, ou la mer au-dessous de terre, nom qu'ils donnent à l'abîme en général. Cette pierre se perce aisément, après quoi l'eau sort si soudainement et en si grande abondance, que ceux qu'on fait descendre pour cette opération en sont quelquefois surpris et suffoqués quoiqu'on les retire aussi promptement qu'il est possible (***).

Note (7). — D'après Shaw (****), il existe dans la Barbarie un grand nombre de *sources salées*, de *montagnes de sel* et de *shibkas*. La *Oued-el-Mailah*, qui est sur la frontière occidentale de la régence d'Alger; la *Serratt*, qui est à l'orient de la même régence; *l'Hamman-Mellwan* qui est à neuf lieues au sud-sud-est d'Alger; la rivière salée des *Beni-Abess*, qui traverse le territoire des *Beeban;* celle des *Urbyah,* près de *Titteri-Dosh;* celle qui vient du *Jibbel-Woosgar*, dans le voisinage de Constantine; la *Maïlah*, qui tombe dans le marais du *Shott*, vis-à-vis *Messeelah;* la *Bareekah*, qui passe à Nickowse; et la rivière de *Gor-Bata*, sur les confins du *Jereed;* toutes ces rivières, dit Shaw, et plusieurs autres ruisseaux et sources moins considérables, sont fort salés ou saumâtres.

Aux environs d'Arzew, dit M. Desfontaines, l'eau est un peu saumâtre. A peu près à deux lieues vers le sud-ouest de l'ancienne ville, il y a un vaste lac de sel qui fournit une grande partie de la Régence. Il est inépuisable, sa longueur est de près d'une lieue; il se remplit d'eau pendant l'hiver, et dans le temps des chaleurs elle s'évapore et le sel cristallise (*****).

Ces salines, dit Shaw (t. I, p. 297), sont environnées de montagnes, et ont près de six milles de tour. En hiver, elles paraissent comme un grand lac, mais elles sont sèches

(*) Shaw, *Voyages dans plusieurs provinces de la Barbarie*; t. I, p. 49.
(**) Shaw, *Voyages dans plusieurs provinces de la Barbarie*; t. I, p. 60.
(***) Shaw, *Voyages dans plusieurs provinces de la Barbarie*; t. I, p. 169.
(****) Tome I, p. 296.
(*****) *Nouvelles Annales des Voyages*; t. XLVI, p. 338.

en été, l'eau s'exhalant alors par la chaleur et le sel demeurant cristallisé au fond. On trouve, en creusant dans ces salines, différentes couches de sel, dont les unes ont un pouce d'épaisseur et d'autres davantage; ce qui vient, à ce que je pense, dit Shaw, de la différente quantité de sel dont l'eau qui a formé ces couches était imprégnée. Tout le terrain de cette saline est rempli de semblables couches entassées les unes sur les autres. Les salines qui sont entre Carthage et la Goulette, aussi bien que celles du marais de Shott et celles du *Sahara* ou de son voisinage, sont constituées de la même manière.

Il existe des marais salés du même genre dans le pays des Chiragah, près de la Magta, et sur la route d'Oran à Tlemcen. Shaw cite aussi les *Shibkahs* de *Lowdeah* et de *Kairouan*. M. Desfontaines cite à quelques lieues de Caleah un très grand lac de sel, comme celui d'Arzew (*).

Les eaux de la source thermale appelée *Hamman-Meskoutin*, près du camp de Mjez–Hammar, ont produit et produisent encore des incrustations célèbres même parmi les Arabes, par leurs formes bizarres et fantastiques. Il serait intéressant d'examiner si le carbonate de chaux s'y trouve uniquement à l'état de spath calcaire ou s'il se trouve en tout ou en partie à l'état d'aragonite.

On a observé que le point de sortie des eaux se déplace progressivement et que par suite une partie de l'incrustation produite se trouve assez loin du point de sortie actuel. Ce fait, s'il est exact, pourrait, comme on l'a remarqué, donner naissance à des recherches curieuses relativement au temps qui s'est écoulé depuis la première apparition de ces sources (**).

Note (8). — Le plomb et le fer sont les seuls métaux, dit Shaw, qu'on ait découverts jusqu'ici dans la Barbarie. (On verra plus loin qu'il faut y joindre le cuivre, l'argent et l'or.) Le dernier (le fer) est blanchâtre et fort bon, mais il n'est pas en fort grande quantité : ce sont les *Kabyles* des districts montagneux de Bougie qui le tirent de la terre et qui le forgent; ils l'apportent ensuite en petites barres aux marchés de Bougie et d'Alger. La mine est assez abondante dans les montagnes de Dwee et de Zikkar; la dernière est la plus riche et fort pesante, et l'on y trouve quelquefois du (*cinnabre ??*); mais je n'ai point appris qu'on se mette fort en peine de les faire valoir dans aucun de ces endroits. Ailleurs (p. 112), Shaw ajoute que les habitants de Bougie font un grand commerce de socs de charrue, de bêches et d'autres ustensiles qu'ils font du fer qu'on tire des montagnes d'alentour. Cette industrie subsiste encore dans la tribu des Toudjah, qui habite près de Bougie.

Les mines de plomb de *Jibbel-riss-Sass*, près d'*Hammam-Leef* (à quelques milles de Tunis); celles de *Wannash-Reese* et celle de *Beni-Bootaleb* sont toutes fort riches, et l'on en pourrait certainement tirer de grands trésors, si elles étaient mieux travaillées (***).

Je dois à la complaisance de M. Dusgate des échantillons des minerais de plomb

---

(*) *Nouvelles Annales des Voyages*; t. XLVI, p. 353.

(**) Article signé C. M. dans la *France littéraire*, octobre 1837.

(***) Shaw, *Voyages dans plusieurs provinces de la Barbarie*, t. Ier, p. 306.

exploités dans le *Jibbel-riss-Sass* ou Mont de plomb, près de Tunis; ils sont composés de galène et de plomb carbonaté blanc pulvérulent.

A la montagne de Soubillah sont contiguës l'Anwaal, la Genufah, la Mankar et autres montagnes des Beni-Bootaleb, Kabyles puissants et factieux qui habitent au-delà des Raigah, 7 lieues au sud-sud-ouest des Steef. Ce district serait le meilleur du royaume, si l'on faisait bien valoir ses mines de plomb; mais les Beni-Bootaleb sont jaloux ou si ignorants qu'ils ne veulent pas qu'on en tire plus qu'il ne leur en faut pour leur usage et pour payer le tribut (*).

M. Rozet a observé sur la route de Medeya, à 6000 mètres au sud du col de Ténia, des minerais de cuivre en filons dans une gangue de baryte sulfatée lamelleuse. Les têtes de ces filons s'élèvent de plusieurs mètres au-dessus de la surface des marnes qui les renferment. Les minerais sont du *cuivre gris*, ou carbonate vert, et un peu de carbonate bleu.

D'après M. Desfontaines, on rencontre au-delà de Shéliff, sur la route d'Alger à Tlemcen, l'Oued-el-Fuddah ou Rivière d'argent. Cette rivière, qui ne tarit jamais, prend sa source à environ dix lieues au midi dans les hautes montagnes de Cévisi. On dit, ajoute M. Desfontaines, qu'on trouve dans ces montagnes des mines de plomb et de cuivre.

Après l'Harbeen, dit Shaw, la rivière la plus considérable qui entre dans la *Shélif* est le Oued-el-Fuddah, ou la Rivière d'argent. Cette rivière prend sa source à Wan-nash-Reese, qui est une haute montagne très escarpée, dont le sommet est ordinairement couvert de neige : cette montagne est aussi remarquable par ses mines de plomb.

Après de grandes pluies, la rivière charrie, dit Shaw, des paillettes et des grains de ce minéral, lesquels s'arrêtent sur ses bords, brillent comme de l'argent à la lueur du soleil; et c'est de là que vient le nom qu'on a donné à cette rivière (**).(Ce sont peut-être des paillettes de mica.)

Le bey de Mascara montra à M. Desfontaines des morceaux de galène et de mine de cuivre qui lui parurent fort riches. Ils provenaient des montagnes de la contrée (***).

Pour aller de Mascara aux mines, dit M. Desfontaines, nous traversâmes droit au sud la grande plaine de Mascara, dans une étendue d'environ cinq lieues; puis, étant entrés dans les montagnes, nous nous avançâmes dans un bois fort épais, en suivant un sentier très fréquenté, et nous marchâmes sur les traces de deux lions pendant près d'une heure. Ayant passé l'Oued-el-Hammam et un fort ruisseau qui se jette dans cette rivière, nous poursuivîmes notre route à peu près une lieue au-delà; puis, tournant un peu sur la gauche, nous atteignîmes les montagnes où sont les mines. Nous nous établîmes près de celle qui donne le plomb et qui est très abondante; on avait creusé la terre au hasard en plusieurs endroits. Je descendis dans les trous qui avaient peu de profondeur et j'y découvris une mine de galène fort riche. La direction des filons me

---

(*) Shaw, *Voyages dans plusieurs provinces de la Barbarie*, t. Ier, p. 138.
(**) Shaw, *Voyages dans plusieurs provinces de la Barbarie*, t. i^er, p. 44.
(***) *Nouvelles Annales des Voyages*, t. XLVI, p. 348.

parut être constamment de l'est à l'ouest. J'en cassai plusieurs morceaux que j'ai rapportés avec moi (*).

Ces gîtes de galène pourraient bien ressembler à ceux de la Sierra de Gador en Espagne, près de Malaga, dont la mise en exploitation a produit il y a quelques années une révolution dans le commerce du plomb en Europe. Ils méritent d'être examinés.

Les mines de cuivre, dit M. Desfontaines, sont à trois quarts de lieue à l'ouest de celles de plomb, dans la même chaine de montagnes et dans le même sol. Il suffit de creuser la terre à deux pieds et demi ou trois pieds de profondeur pour trouver la mine dont les filons sont dans la même direction que ceux de la première, c'est-à-dire de l'est à l'ouest. La terre même et les pierres qui sont à la surface sont en beaucoup d'endroits teintes en vert. Je détachai, dit M. Desfontaines, plusieurs morceaux du filon que l'on me fit voir qui sont fort pesants et fort riches. Les mines avaient été creusées anciennement, car je descendis dans un grand trou où il y a une galerie qui se prolonge à vingt-cinq ou trente pas sous terre, où je reconnus un filon de cuivre.

Je dois à M. Dusgate la note suivante sur les mines de l'empire de Maroc; elle est extraite du voyage de Jackson, p. 73.

On trouve des mines d'*or* et d'*argent* dans plusieurs parties de l'empire de *Maroc*; surtout dans le pays qui avoisine *Messa* dans la province de Suse. Me trouvant une fois à *Shtuka*, dans une visite que j'y fis au vice-roi de cette province, *Mhaid-Mohamed-Ben-Délémy*, et curieux de visiter *Messa* et le pays où les mines sont situées, je lui demandai une escorte, qu'il ne fit pas de difficulté de m'accorder. Arrivé à *Messa*, je me rendis sur les bords méridionaux de la rivière, où l'on me fit voir une *mine d'or*, que l'on me dit avoir été exploitée par les Portugais, pendant qu'ils furent maîtres de cette province, et qu'ils avaient comblée lors de leur départ en jetant de grosses pierres dans l'ouverture, d'où les *Shelluhs* ont souvent cherché mais inutilement de les retirer. Ces pierres sont d'une grosseur énorme, et il faudrait employer les plus grandes forces de la mécanique pour les ôter. De là on me conduisit dans le lit de la rivière, où je découvris, sur un sol bleuâtre, deux couches séparées d'un sable mêlé d'argent en grains, (peut-être simplement du mica ou des pyrites); je ramassai une petite quantité de ce sable que j'envoyai en Angleterre pour être analysé, mais tel est le caractère jaloux de ce peuple que malgré que leur ignorance le leur rende inutile, ils ne veulent pas qu'on l'enlève en assez grande quantité pour le rendre un objet d'exploitation.

On trouve aussi une mine d'argent très riche, dans la même province, près d'*Élala* et *Shtuka*; mais placée sur un terrain contesté par deux tribus que le désir de la posséder a rendu ennemies : elle est devenue par cette cause également sans valeur à l'une et à l'autre.

Il y a aussi une autre mine d'argent dans la plaine de *Msegina* près de *Santa-Crux* : on avait fait un rapport très avantageux de sa richesse à l'empereur *Sidi-Mohammed*, qui envoya aussitôt quelques personnes instruites dans cette partie, pour l'examiner et pour lui en rendre compte. Mais avant leur départ, ils furent secrètement prévenus que l'empereur voulait décourager l'exploitation de cette mine, dans la crainte que la province ne devint trop riche et trop puissante et qu'elle n'offrît aux habitants les moyens

---

(*) *Nouvelles Annales des Voyages*; t. XLVI, p. 340.

de s'affranchir de son joug. Par suite de ses ordres, la mine, après des recherches diri-
gées dans cette vue, fut déclarée pauvre et incapable de rembourser les dépenses
qu'exigerait son exploitation. L'entrée fut comblée, et les *Shelluhs* découragés par un
rapport si peu favorable, et ne soupçonnant pas le motif qui l'avait fait combler, n'y
pensèrent plus. Il est probable que cette mine fut exploitée par les Portugais, pendant
qu'ils possédaient *Santa-Crux* et *Agurem*.

On trouve aussi de l'or dans la chaîne de l'*Atlas*, et dans la *Suse* inférieure, mais
on n'exploite pas les mines.

La province de *Suse* produit aussi du fer, du cuivre et du plomb. Dans les montagnes d'*Adaulit*, on trouve du fer, dont les habitants fabriquent des fusils et d'autres
objets. A *Jesellerst*, les mines de cuivre sont très abondantes; mais ils ne les exploitent
qu'à mesure qu'ils ont besoin du minerai.

Dans la province de *Tafilet* les mines d'antimoine sont d'une très bonne qualité;
on y trouve aussi en grande abondance le minerai de plomb.

Le pays des environs de Maroc produit du salpêtre.

On trouve du soufre au pied des monts Atlas, vis-à-vis *Jérodant,* où il existe dans
la plus grande abondance.

Les Arabes de *Woled-Abussebah* fabriquent de la poudre à canon d'une qualité
infiniment supérieure à celle de l'Europe; mais ils font un secret de leur manière de la
préparer. Celle qui est fabriquée par les *Maures* est ordinairement d'une très mauvaise
qualité, sans force et sans vivacité.

D'après M. Dusgate, le sable qui se dépose le long du rivage depuis l'embouchure
de la rivière Miliana jusqu'au cap Sidi-Bou-Saïd, près de Tunis, est plus ou moins chargé
de paillettes d'or dont la quantité est assez considérable pour être devenue l'objet d'une
exploitation suivie de la part des habitants de la côte. Outre l'or, ce sable offre aussi
une si grande quantité de grains et de cristaux arrondis, de fer titanifère, que sa couleur
est quelquefois noire; plus même cette couleur est foncée et plus les flots ont opéré un
triage qui diminue le travail des orpailleurs, en débarrassant le sable de toutes les matières terreuses dont il était chargé. L'expérience leur a appris que, sous un volume
égal, le sable le plus noir recèle le plus d'or. C'est aussi celui qu'ils traitent par le
mercure, moyen dont ils se servent pour obtenir les petites parcelles de ce métal dissé-
minées dans le sable et dont l'extraction s'effectuerait difficilement par tout autre procédé. Ils en retirent de cette manière, selon ce que M. Bineau a dit à M. Dusgate, une
quantité suffisante pour gagner leur vie et même au-delà, puisqu'une journée leur rapporte quelquefois 2 francs et même 2 francs 50 centimes, prix très considérable, comparé à la journée moyenne de travail dans ce pays (*).

On lit dans un article de M. d'Avezac, inséré par les traducteurs de Ritter et repro-
duit par M. Dureau de la Malle (**) : « trois grandes collections minéralogiques possè-
» dent maintenant, à Paris, des diamants recueillis dans l'état d'Alger, à Constantine,
» parmi les sables aurifères que charrie le Oued-el-Raml (le Rummel), ou la rivière du
» sable. Il y a lieu de croire, ajoute M. d'Avezac, que le Oued-el-Dzeheb, ou la rivière de

---

(*) Notes jointes à l'ouvrage de M. Dureau de la Malle, sur la *Topographie de Carthage*, p. 280.

(**) Bérard, *Description nautique des côtes de l'Algérie*, p. 119.

» l'or, qui se joint au Oued-el-Raml, entre Constantine et la mer, doit son nom aux
» paillettes d'or que, sans doute, il roule en abondance. »

Note (9). — Près du cap Matifou et des ruines de l'ancienne ville romaine de Rusto-
nium, Rusgonium ou Rusconia, M. Rozet a observé des roches porphyriques composées
d'une pâte pétro-siliceuse grisâtre, renfermant de petits cristaux de feldspath blanc,
quelques grains de quartz vitreux et beaucoup de paillettes hexagonales de mica brun.
M. Rozet apporte ces roches au terrain trachytique et il a jugé qu'elles devaient avoir
pénétré dans le grès tertiaire et même l'avoir disloqué. Il serait à désirer qu'on fît dans
cette localité des coupes plus détaillées et sur une plus grande échelle que celle de
M. Rozet, et qu'on y distinguât scrupuleusement les véritables couches régulières du terrain tertiaire, des strates plus ou moins étendus qui peuvent en avoir l'apparence.

D'après M. Bérard, la presqu'île d'Aldjerde, près de Collo, est d'un aspect assez
triste. Elle est bordée de quelques roches arrangées en tuyaux comme des trachytes ou
des basaltes (*).

MM. Bérard et Tessan ont rapporté de quelques rochers situés entre Bougie et
Alger, des échantillons d'un porphyre quarzifère bleuâtre qui ressemble complétement
aux variétés bleuâtres des porphyres quarzifères de l'Esterel (département du Var) et de
la vallée de Fassa, en Tyrol.

Note (10). — *Ras-el-Hamrah* signifie cap Rouge, sans doute parce que la roche dont
il est formé conserve en certains endroits cette couleur. Là se trouve une montagne de
beau marbre statuaire exploité de toute antiquité. M. Jules Texier l'a observée en 1832,
l'a décrite et en a envoyé des échantillons (**).

A l'est de Tzour-Hamed-Djerbi, près du cap Bibi, la côte, dit M. Bérard, est
soutenue par de grandes roches; elle forme un creux dans lequel on remarque une im-
mense tache blanche qui s'aperçoit à plus de 15 milles en mer; nous lui avons donné
le nom de *Oued-Ali* qui est aussi celui de l'enfoncement dans lequel elle se trouve.

Peut-être cette tache n'est-elle que l'effet d'un éboulement; il se pourrait aussi
qu'elle tînt à quelque circonstance minéralogique, par exemple à la présence de masses
de gypse ou de dolomies au milieu des roches calcaires.

Note (11). — D'après l'abbé Poiret, les côtes des environs de la Calle et du cap Rose
ont dans leur aspect quelque chose de lugubre. Une roche qu'il nomme *grès à filtrer*,
presque noire, que l'eau a percée de milliers de trous, n'offre à sa surface que des pointes
aiguës et tranchantes. Frappée continuellement par les vagues cette roche est minée de
toutes parts et coupée en aiguilles. Lorsque la mer est en furie, et qu'elle se brise contre
ces rochers arides, elle les pénètre dans tous les sens, se forme des grottes souterraines où
elle retentit avec un bruit horrible. Le séjour de l'eau sur le sommet et dans les creux
de ces rochers, y forme peu à peu des ouvertures circulaires, semblables à celles des

(*) Bérard, *Description nautique des côtes de l'Algérie*, p. 130.
(**) *Province de Constantine*, p. 527.

puits, qui les traversent d'outre en outre. Ces ouvertures sont très souvent incrustées intérieurement d'une couche épaisse d'un pouce et plus, d'une substance ferrugineuse rouge et brune. J'ai retrouvé à près d'un demi-quart de lieue, dans les terres, dit l'abbé Poiret, ces mêmes rochers avec des trous, comme ceux que je viens de décrire, mais remplis de terre; preuve évidente (suivant l'abbé Poiret) que la mer a peu à peu abandonné ses anciennes bornes en s'éloignant des côtes et qu'elle était autrefois bien plus avancée dans les terres.

Note (12). — Je rappellerai ici textuellement les diverses remarques que j'avais faites dans mes recherches sur quelques-unes des révolutions de la surface du globe, relativement à la structure orographique du nord de l'Afrique, et au mode de décomposition dont le réseau des montagnes compliqué qui couvre ces contrées m'avait paru susceptible, ainsi que les conjectures auxquelles m'avait conduit, quant à l'époque du soulèvement de ces montagnes, le parallélisme des directions de leurs chaînons avec les directions dominantes de certains systèmes de montagnes observés en Europe.

Ces dernières conjectures étaient indiquées par la position dans laquelle j'avais placé ces remarques dans mon travail et par le rapprochement des noms.

1°. *Système des Pyrénées* (*).

Les directions des petites chaînes de montagnes que les cartes les plus récentes (celles du colonel Lapie) indiquent, dans la partie septentrionale du grand désert de Sahara, au sud de Tripoli et de l'Atlas, ainsi que la direction de la côte septentrionale de l'Afrique, entre la grande et la petite Syrte, sont exactement parallèles à la direction des Pyrénées et à celle des accidents du sol que j'ai indiqués (comme faisant partie du même système) en Provence et en Italie. (Sur les cartes dont il s'agit, on voit les directions dont il est question, se poursuivre dans le réseau de montagnes compliqué qui approche de la côte, mais il devient difficile de les rattacher à des noms de cimes ou de crêtes dans une contrée aussi compliquée que peu connue.)

2°. *Système des Alpes occidentales* (**).

La ligne qui passe à Manosque (Basses-Alpes), en se dirigeant du N. 26° E. au S. 26° O., et que nous avons suivie dans les Alpes occidentales et jusqu'à l'île de Riou, au sud de Marseille, étant prolongée dans la Méditerranée, atteint la côte de la Barbarie à peu de distance du cap de Tenez ou Tennis, et ne coïncide en ce point avec aucun accident remarquable, si ce n'est, toutefois, qu'elle est presque parallèle à la direction des montagnes, que la carte de M. Lapie place à l'ouest de la vallée de la rivière Miana. Elle est aussi parallèle à quelques chaînons de montagnes qui traversent la partie orientale du royaume d'Alger et celui de Tunis, chaînons dont l'un se termine au cap Bon, et dont la direction se retrouve dans quelques-uns des accidents du sol de l'angle occidental de la Sicile; mais on remarque surtout qu'au sud du détroit de Gibraltar, les traits les plus saillants du relief de l'angle nord-ouest du continent africain paraissent ne faire avec cette même direction que des angles de quelques degrés.

(*) *Annales des Sciences naturelles*, t. XVIII, p. 318.
(**) *Annales des Sciences naturelles*, t. XVIII, p. 411.

Sur la carte jointe au voyage d'Aly-Bey et sur quelques autres cartes spéciales, on voit assez clairement que les nombreux chaînons de montagnes qui traversent ces contrées se coordonnent à deux directions principales. L'une qui court à peu près O. 15° S.-E. 15° N. comme les principaux chaînons de l'Atlas, d'Alger et de Tunis visités par M. Desfontaines, se reconnaît dans les montagnes qui s'étendent entre la côte de la Méditerranée et la ville de Fez.

La seconde, qui nous importe principalement ici, se reconnaît dans une série de chaînons de montagnes et de vallées longitudinales, qui partant du cap *Tres-Forcas*, ou Rusadir, au nord de Melilla, sur la côte de la Méditerranée, et comprenant le flanc occidental de la vallée de la rivière Mulvia, Moulonia ou Molochath, dont le cours est presque aussi long que celui de la Seine, s'étend vers un point de l'intérieur situé à l'est de Tarodant, environ par 30° de latitude nord et 10° ½ de longitude ouest de Paris. Entre cette ligne et la côte de la Méditerranée, on trouve plusieurs chaînons de montagnes qui s'étendent dans des directions parallèles, et que différentes rivières traversent dans des défilés. Les montagnes Blanches qui se terminent au cap Blanc, presque en face des îles Canaries, sont le prolongement le plus méridional de tous ces chaînons.

La direction générale de ces mêmes chaînons de montagnes étant prolongée du côté du N.-N.-E., coïncide à peu de chose près avec la direction générale des côtes orientales de l'Espagne depuis le cap de Gates jusqu'au cap de Creuss.

3°. *Système de la chaîne principale des Alpes* (*).

Dans le nord de l'Afrique, le sol de la Barbarie présente plusieurs séries d'accidents qui se croisent dans différentes directions, dont l'une, comme je l'ai déjà indiqué plus haut, est parallèle à celle du système pyrénéo-apennin, et dont l'autre ne s'éloigne que légèrement de la direction des Alpes occidentales. Au milieu de ces divers accidents, les chaînons de montagnes les plus élevés, ceux qui se coordonnent le plus directement à la direction des vallées longitudinales et des côtes de la mer, et auxquels s'appliquent spécialement les noms de petit et de grand Atlas, courent dans des directions sensiblement parallèles à celle qui domine dans les îles Baléares et en Espagne, et à celle des différents chaînons de montagnes qui traversent la basse Provence de l'O. ¼ S.-O. à l'E. ¼ N.-E.

Note (13). — L'île de la Galite est située à 25 milles au N. du cap Nègre; sa plus grande dimension est d'un peu moins de trois milles; elle est formée par des terres assez hautes dont les sommets sont bien distincts et très faciles à reconnaître de loin. Celui de l'E., qui est appelé communément *le pic de la Galite*, a 377 mètres de hauteur; sa forme est celle d'un pain de sucre; de près il se présente avec un aspect sauvage, étant presque entièrement composé de grands rochers nus et très escarpés. Le sommet le plus élevé, qui a 476 mètres, se trouve presqu'au milieu de la longueur de l'île; sa forme est plus évasée et un peu arrondie. Entre les deux il existe un enfoncement qui est cause que, de loin, le pic paraît comme une île. Vers le S.-O., à la distance d'un mille et demi, il y a deux îlots ou grands rochers qui sont d'un accès très difficile; le plus

---

(*) *Annales des Sciences naturelles;* t. XIX, p. 220.

grand est désigné sur plusieurs cartes sous le nom de *Galiton de l'ouest* ou du *Ponant*, ou simplement *Galiton;* l'autre, qui est remarquable par sa forme conique très élancée, est connu sous le nom d'*aiguille*, ou *aiguille du Galiton;* à côté de celui-ci, dans sa partie S.-O., il y a un troisième rocher beaucoup plus bas et qu'on n'aperçoit que lorsqu'on passe très près. Il existe trois autres îlots dans la partie N.-E. de la Galite, appelés les *Canis;* le plus gros d'entre eux, qui est aussi le plus en dehors, et à un mille de l'île principale, porte le nom de *Galiton de l'Est* ou du *Levant;* il a un petit rocher peu élevé à sa pointe N.-O.

Il y a eu des établissements dans cette île, on y rencontre des débris d'anciennes constructions; elle a été souvent le réfuge des pirates, des corsaires et des contrebandiers. On y trouve plusieurs sources; le sol pourrait y être cultivé, quoique la couche de terre végétale ne soit pas bien épaisse; ce qui contribue beaucoup à lui donner son air triste et désolé, ce sont les ravages continuels qu'y font les lapins et les chèvres; toutes les plantes naissantes sont détruites. La chasse et la pêche y procurent abondance de gibier et de poisson.

Cette île, qui probablement est calcaire, offrirait une station intéressante à tous les naturalistes de l'expédition. Gênés comme ils ne pourront manquer de l'être sur le continent africain, la liberté de recherches dont ils jouiraient sur ce rocher, peut les mettre à même d'y résoudre des questions que la rapidité des courses faites à la suite des expéditions militaires ne permettrait pas même d'aborder, et de rattacher à sa description des question importantes.

Quelque petits que soient l'île et les îlots qui l'entourent, leur étendue surpasse de beaucoup celle de la cime du pic du Midi de Bigorre, qui à elle seule a fourni à M. Ramond, le sujet d'un mémoire intéressant.

A l'est du cap Roux, la côte devient haute et très escarpée; elle est presque entièrement composée de roches dont quelques débris sont tombés à la mer; on voit cependant des endroits cultivés dans les vallons. Le cap de Tabarque est de même nature et d'un aspect aussi triste; à son pied même, il y a une ligne de roches peu élevées au-dessus de l'eau et qui s'avancent jusqu'à une encâblure et demie au large. La côte, en ce point, se courbe vers le S.-E. de manière à former une baie beaucoup plus large que profonde à l'ouverture de laquelle on remarque tout d'abord l'île de Tabarque, rocher stérile couronné de fortifications. La partie sud de Tabarque se termine en pointe et se réunit à la côte ferme par un banc de sable dont une petite partie seulement est submergée, et qui était moins élevée autrefois, puisqu'on dit que les galères y naviguaient librement, tandis qu'aujourd'hui il n'y a que des embarcations légères qui puissent passer au milieu; on assure aussi que ce banc s'est formé sur une digue construite par les troupes du bey de Tunis pour s'emparer de l'île.

Vis-à-vis la baie dans laquelle se trouve l'île de Tabarque, correspond sur le continent une grande vallée où coule une rivière; à partir de là jusqu'au cap Neigre, les terres qui sont au voisinage de la mer sont basses et formées en grande partie par des dunes ou des terrains sablonneux assez remarquables par leurs taches jaunes; on voit au loin, dans l'intérieur, les sommets de quelques montagnes. La rivière dont nous venons de parler se jette à la mer au sud de l'île; c'est elle qui probablement contribue le plus à faire élever le banc de sable qui. peut-être un jour, la joindra au continent (*).

Ces atterrissements et ceux qui sont occasionés par les embouchures des autres rivières de la Régence, méritent d'être observés chaque fois que l'occasion s'en présentera.

Le cap Roux, dit M. Bérard, est formé de roches de couleur rousse, il est escarpé de tous les côtés. Le danger des Sorelles se trouve juste sous le même méridien à 27 milles ⅓ de distance (**).

Le golfe de Stora, le *Sinus Numidicus* des Anciens, s'étend du cap de Fer aux Sept-Caps (Sebba Rous).

Le cap de Fer est un rocher escarpé et blanchâtre.

Les Sept-Caps sont élevés et stériles, et s'étendent avec leurs baies étroites et dangereuses, jusqu'à Cull.

D'après M. Bérard (***), le Ras-el-Hamen est un massif de roches, taillé à pic du côté de la mer et couronné de quelque peu de végétation. Il a été ainsi appelé à cause de la quantité de pigeons qui viennent se réfugier dans les crevasses que présentent les diverses couches dont il est composé. A sa partie la plus avancée vers l'E., il y a un îlot d'un seul bloc, remarquable par sa forme extraordinaire; quand on le voit du mouillage du Cassarin, il ressemble exactement à un lion. Aussi lui en a-t-on donné le nom.

La description de ces divers points, les vues qu'en donnent MM. Bérard et Tessan ne permettent pas de douter qu'il n'y ait sur toute cette côte de belles falaises à observer.

L'abbé Poiret le dit d'ailleurs positivement. D'après lui, l'aspect des côtes depuis le cap Nègre, par-delà l'île de Tabarque, jusqu'aux Sept-Caps après le golfe de Bone, a quelque chose d'effrayant par les rochers affreux qui tombent à pic dans la mer. A Tabarque, au cap Roux, au cap de Fer et vers les Sept-Caps, ces rochers sont, dit l'abbé Poiret, d'un grès grossier, jaunâtre, noir ou brun, divisés en grandes masses irrégulières. Cette description un peu vague ne permet guère de décider de quelle espèce de roches sont composées les falaises redoutables dont il s'agit. Il sera intéressant de s'en assurer et peut-être trouvera-t-on dans les belles coupes de terrain que présentent ces falaises d'importantes observations à faire.

Après le Ras-Rebeltefa, il y a une petite anse où les barques de la côte vont se réfugier dans le besoin; elles peuvent aussi s'amarrer à l'*île Collo*, qui est à peu de distance et qui, à cause de sa masse et de son étendue, offre un meilleur abri. Cette île a environ 60ᵐ de hauteur; son sommet est arrondi, et d'une couleur roussâtre; toute sa partie N. est d'un aspect aride, tandis que du côté opposé on trouve quelque végétation; quand on arrive du large elle devient difficile à reconnaître, parce qu'étant entièrement projetée sur des terrains semblables de la côte, elle disparaît Lorsque nous l'avons visitée, elle était habitée par un grand nombre d'oiseaux d'espèces différentes.

(*) Bérard , *Description nautique des côtes de l'Algérie*, p. 143.
(**) Bérard, *Description nautique des côtes de l'Algérie*, p. 143.
(***) *Description nautique des côtes de l'Algérie*, p. 133.

Cette île, dont la composition minéralogique est très probablement la même que celle des montagnes de la côte adjacente, pourrait présenter de l'intérêt.

L'*île Pisan* est un rocher de cinq cents mètres de longueur ; son sommet, tronqué et incliné vers l'O., a environ 5o mètres d'élévation ; ses flancs sont garnis de quelque végétation surtout vers le sud. Elle peut offrir un abri pour les barques de la côte ou de petits bâtiments (*).

Cette île peut encore donner lieu à une exploration géologique, puisqu'il parait qu'elle présente un développement considérable de falaises ou de rochers.

L'île *Mansouriah* est située très près de terre de manière à offrir un bon abri pour les navires ordinaires du commerce : elle est peu élevée et reconnaissable à un petit mamelon conique arrondi qui occupe sa partie E., tandis qu'elle est très basse et rocailleuse à l'extrémité opposée, où elle communique à la terre ferme par une chaîne de roches hors de l'eau ou à fleur d'eau. Les montagnes des environs sont élevées et forment un gros massif sur lequel cette île est toujours projetée, ce qui est cause qu'on la distingue difficilement (**).

D'après ces renseignements il est permis de présumer que l'examen de l'île de Mansouriah ferait connaître tout le massif de montagnes adjacent, surtout si, comme cela parait probable, il s'agit ici de montagnes calcaires.

A l'E. du cap *Cavallo*, il y a plusieurs petites îles, îlots ou rochers, désignés sur quelques cartes sous le nom d'*îles Cavallo ;* l'une d'elles est assez remarquable par sa forme conique et assez élevée, qui, dans certaines positions, la fait prendre pour le pain de sucre du cap Cavallo. Shaw lui donne le nom de *Zeert-el-Heile*. On y voit quelque peu de végétation ; les autres ne sont que des rochers arides, bas et situés près de terre. La baie ouverte dans laquelle elles se trouvent est formée par des plages entrecoupées de quelques falaises basses, composées de roches noires. Il n'y a qu'un abri pour les vents d'E. auprès de l'île Plate.

Auprès de l'île Plate s'avance une pointe de roches de même nature qui se confond souvent avec elle. Ensuite, la côte forme un petit enfoncement garni d'une plage ; puis viennent quelques falaises, et enfin une roche isolée d'un rouge de feu, que les Arabes ont appelée pour cette raison *Afia*. Au N.-E. de celle-ci on voit trois petits rochers noirs à fleur d'eau qui s'éloignent jusqu'à un quart de mille. Le fond des environs est madréporique : on y trouve du corail rouge (***). Cette localité pourrait offrir de l'intérêt à tous les naturalistes de l'expédition.

D'après M. Bérard (****), les terres qui forment le Raz-el-Amousch sont hautes, elles occupent une grande surface de l'E. à l'O. ; la montagne principale, dont le sommet a 850^m de hauteur, s'appelle *Schénonah*. Elles sont détachées des montagnes de l'intérieur par une vallée assez large, ce qui est cause que de loin ce cap parait comme une presqu'île, surtout en venant de l'O. ; à son extrémité la plus avancée vers le N., on voit l'île *Berinshel*, rocher d'environ 20 mèt. de hauteur, au sommet duquel il est resté un peu de

(*) *Description nautique des côtes de l'Algérie*, p. 104.
(**) Bérard, *Description nautique des côtes de l'Algérie*, p. 109.
(***) Bérard, *Description nautique des côtes de l'Algérie*, p. 112.
(****) *Description nautique des côtes de l'Algérie*, p. 155.

terre végétale avec quelques plantes, des raquettes surtout; sa distance au cap est de plus d'une encâblure : il est entouré de roches principalement du côté du sud.

L'examen de cet îlot déciderait probablement de la constitution géologique du cap *Ras-el-Amousch*, surtout si ce cap est calcaire. Il serait probablement trop dangereux de débarquer sur le cap même pour qu'on puisse y engager la Commission.

Les deux pointes du cap Falcon sont environnées de quelques roches ou îlots peu élevés (*). Si l'on ne pouvait débarquer sur le cap on pourrait toujours examiner ces îlots, ce qui suppléerait peut-être en partie au débarquement.

Vers le milieu de la grande baie qui sépare le cap Falcon du cap Lindlès, à la distance de moins de 4 milles nautiques, il y a un îlot bas qui porte le nom de *île plane*. C'est un rocher qui paraît plat en effet, vu de toutes les directions; mais lorsqu'on est dessus on le trouve très inégal; il offre quatre ou cinq sommets aplatis, distincts entre eux, de hauteurs à peu près égales; sa plus grande dimension est dirigée de l'E. à l'O.; il est entouré de beaucoup d'autres rochers séparés, surtout du côté de l'O. Au milieu de tous ces débris rocailleux, on remarque deux petits ports, l'un à l'E., l'autre à l'O.-S.-O., dans lesquels les bateaux peuvent se réfugier (**).

Cette réunion de roches déchiquetées où l'étude des animaux marins et des plantes marines présenterait probablement de l'intérêt, pourrait en même temps être étudiée avec fruit sous le rapport géologique. Je crois devoir le signaler aux naturalistes de l'expédition.

Le cap Sigale, quoique peu élevé, est formé de roches blanches inclinées. Il y a auprès de lui quelques rochers détachés, un gros îlot à environ un mille dans l'O.-S.-O., et dans le N., à un mille et demi, trois roches basses noirâtres, rapprochées et couvertes de moules (***).

Au N. 63°O. du cap Sigale, à la distance de 6 milles, sont les *îles Habibas* environnées d'un grand nombre de roches isolées et toutes disposées dans une direction générale du N.-E. au S.-O.; la grande est à l'extrémité S.-O. C'est aussi de ce côté que les petites roches s'avancent le plus au large, c'est-à-dire à environ un mille. Elle est encore la plus élevée, son piton S. ayant 118 mètres. Celle du N.-E. est basse et occupe en surface environ le quart de la première. Dans l'intervalle qui les sépare, il y a deux gros îlots bien escarpés qui rendent le passage très étroit, mais navigable cependant pour les embarcations. M. Bérard indique dans ces îles des mouillages pour de petits bâtiments (****).

Le cap Fégalo, dit M. Bérard, est un des caps les plus avancés de la côte, il est très escarpé, presque taillé à pic; son sommet paraît arrondi de quelque côté qu'on le regarde. Quand on le range de près, on remarque à son pied des couches basaltiques ou trachytiques qui affectent toutes sortes de directions.

A l'O. de ce cap, à moins d'un demi-mille, il y a un petit îlot ou plutôt un rocher noir à peine élevé au-dessus de l'eau, composé de plusieurs assises arrangées en tuyaux comme les basaltes : à quelque distance se trouvent cinq petites îles si voisines de la

(*) Bérard, *Description nautique des côtes de l'Algérie.*

(**) Bérard, *Description nautique des côtes de l'Algérie.*

(***) Bérard, *Description nautique des côtes de l'Algérie.*

(****) *Description nautique des côtes de l'Algérie,* p. 176.

côte qu'on ne peut les distinguer que lorsqu'on en est très près (*). L'examen de cet îlot, des petites îles et du cap, si l'on peut débarquer aussi sur ce dernier, fournira à la personne chargée de la géologie dans l'expédition un objet de recherches intéressant.

A l'O. du cap Oussa, dit M. Bérard, à la distance de sept milles, se trouve l'île *Areschqoul* ou *Harschgoun,* située au N. d'une petite anse bordée d'une plage de sable, où se jette la Tafna, rivière de Tlemcen. Cette île est plus haute à sa partie N. qu'à son extrémité S. ; sa plus grande longueur est d'environ un demi-mille dans le sens du méridien. Son élévation au-dessus du niveau de la mer est d'environ 60 mètres; il y a des mouillages.

L'extrémité *ouest* de l'anse dans laquelle se jette la Tafna est terminée par une grosse pointe entourée d'un grand nombre de rochers noirs dont le plus gros est aussi le plus éloigné vers le large.

Entre l'île *Areschqoul* et le cap *Noé,* on voit aussi deux gros rochers ou îlots peu éloignés de la côte et auprès desquels les barques du pays trouvent des abris (**).

Les îles Zafarines, au nombre de trois, sont situées au N. d'El-Agna, à un mille et deux tiers de distance; elles sont petites et très voisines l'une de l'autre. La plus à l'O., qui a 135 mètres de hauteur, est la plus élevée; elle est séparée de celle du milieu par un canal d'un tiers de mille. L'île du milieu a 41 mètres de hauteur, sa forme est presque ronde. Le petit canal qui la sépare de l'île la plus à l'E. est profond et sans aucun danger. Celle-ci n'a pas un demi-mille dans sa plus grande dimension; elle est très découpée, fort étroite en de certains endroits. Elle a plusieurs sommets qui de loin ressemblent à autant d'îlots, et dont le plus élevé peut avoir 400 mètres.

Ces îles offrent un mouillage assez sûr.

Leur sol granitique, dit M. Bérard, est recouvert d'une petite couche de terre végétale où l'on voit quelques plantes rabougries.

Les roches granitoïdes dont les îles Zafarines se composent devront être l'objet d'un examen détaillé.

D'autres observateurs les ont considérées comme volcaniques. Ce sont peut-être des trachytes granitoïdes.

MM. Webb et Berthelot ont communiqué à M. de Buch une description manuscrite des îles Zafarines dans laquelle les roches dont ces îles se composent sont rapportées au terrain trachytique.

Note (14). — Liste des ustensiles et réactifs chimiques qui seront nécessaires pour faire à Alger même une première analyse des minéraux qu'on aura pu recueillir.

Un petit creuset de platine.

Une capsule très mince en platine.

Un creuset d'argent.

Une lampe à alcool avec ses accessoires pour les opérations chimiques de tous genres.

Une trousse complète pour les essais au chalumeau.

_____

(*) *Description nautique des côtes de l'Algérie*, p. 177.
(**) *Description nautique des côtes de l'Algérie*, p. 179 — 181.

Une caisse renfermant une vingtaine des réactifs les plus fréquemment employés.

Une douzaine de petites capsules de porcelaine.

Quatre douzaines de petites fioles, six verres à pattes, six entonnoirs.

Trois douzaines de petits tubes fermés pour les essais.

Une balance pour les analyses.

Un barreau aimanté.

Un goniomètre d'application de Haüy.

Un assortiment de loupes.

Un microscope pour l'examen des roches.

RAPPORT

CONCERNANT

LA CÉOGRAPHIE ET LA TOPOGRAPHIE;

Par M. BORY DE SAINT-VINCENT.

Jusqu'à l'époque de l'expédition dont la conquête d'Alger fut le glorieux résultat, on ne possédait aucune carte de cette partie septentrionale de l'Afrique où l'on manifeste l'intention d'expédier aujourd'hui une commission scientifique et exploratrice. Dès que la France eut définitivement établi sa domination sur cette contrée, le général Pelet, en sa qualité de directeur du dépôt de la Guerre, mit tous ses soins à recueillir les matériaux propres à en dresser un travail pareil à celui qu'on doit à l'expédition libératrice de Morée. Les officiers de l'État-Major, d'après un rapport au Ministre duquel relève le dépôt, eurent ordre de ne pas faire un pas dans le pays qu'ils n'en rédigeassent la reconnaissance selon le mode prescrit pour la confection de la carte de France; et comme le service de ces officiers au quartier-général, ou près des généraux auxquels la plupart sont personnellement attachés, ne permettait pas toujours qu'ils obtempérassent ponctuellement aux demandes qui leur étaient faites de Paris, d'autres officiers également zélés, exercés et capables, ont été, à diverses reprises, envoyés en Algérie pour s'y livrer exclusivement à des travaux de géodésie et de topographie. Chaque expédition faite dans l'intérieur des terres et les moindres marches militaires, furent donc accompagnées d'officiers d'état-major auxquels on enjoignit de rédiger et de dessiner des itinéraires complets. A l'aide des beaux matériaux de ce genre, provenus de diverses opérations de guerre, on put bientôt composer des cartes de plus en plus perfectionnées, et autant que possible tenues à jour, s'il est permis d'employer cette expression, pour les approprier aux besoins de chaque moment. Les intervalles non visités entre le réseau des reconnaissances régulières, mais la plupart faites à la boussole, y étaient remplis d'après les renseignements pris sur les lieux et sur le dire des habitants.

7

Toutes les fois qu'on pouvait se procurer des rectifications ou des connaissances nouvelles, on avait soin de les ajouter ou de les substituer sur les planches gravées provisoirement; c'est ainsi, par exemple, que les alentours de Mascara, où certains détracteurs prétendirent voir un roman quand le duc d'Orléans accompagna le maréchal Clausel dans son expédition, ont été rétablis tels qu'on put les relever alors sur l'une des feuilles provisoires publiées à la hâte, et qui, par les changements qu'elle a subis, demeure exempte d'erreurs.

Cependant la position d'Alger avait été seule parfaitement déterminée. Le commandant Filhon en fit même le point de départ d'une triangulation qui s'étendit à une vingtaine de lieues de distance des côtes; mais hors de ce canevas, d'excellents matériaux, que ne liait entre eux nulle triangulation, demeuraient presque inutiles pour former un travail d'ensemble digne du dépôt de la Guerre.

Dans ces entrefaites, la prise de Constantine assurant plus de sécurité à nos mouvements, et permettant qu'on s'écartât davantage des routes battues, les explorations de MM. les officiers d'état-major en acquirent un nouveau prix. Le dépôt, dont l'une des attributions principales consiste à dresser les meilleures cartes possibles des contrées que nos armées occupent ou occupèrent, le dépôt ne pouvait négliger ses devoirs, et le général qui le dirige demanda sur-le-champ qu'il fût organisé une brigade topographique à l'instar de celle à qui le monde savant doit la belle carte de la Grèce comprise dans la publication de cette Commission scientifique de Morée, où je fus chargé de conduire et de partager les explorations de la section des sciences physiques.

Il n'en est pas de la géographie comme des autres branches de nos connaissances, auxquelles aucun corps spécial n'est chargé de donner une direction dans les pays où l'on guerroie. Il existe pour elle un centre permanent organisé, où les travaux de toute nature, faits sur le terrain même où opèrent les armées, aboutissent promptement. Tout ce qui tient à cette science par quelque point collatéral que ce soit, est du ressort d'un corps d'officiers que de très fortes études mettent en état de bien voir et de faire non moins bien connaître ce qu'ils ont vu. Les opérations géodésiques, le calcul et les arts du dessin, leur sont des choses familières; il leur est recommandé de faire non-seulement de la topographie irréprochable par l'exécution et la multitude des détails, mais de rendre dans de fidèles paysages jusqu'à l'aspect des lieux. Ils doivent se livrer concurremment à la recherche de tout ce qui tient à la géographie ancienne,

dont il est impossible de parler raisonnablement sans la connaissance précise de la géographie moderne. Il leur est enjoint de rechercher avec la véritable orthographe des noms de lieux, jusqu'à leurs étymologies; de recueillir
les notions statistiques les plus minutieuses, de mentionner les ressources
en tout genre qu'offre la contrée, les produits de l'agriculture, l'essence
des bois, les procédés agronomiques, la nature des eaux, le parti qu'on
pourrait tirer de leur volume sous les rapports industriels, les variations
de la température, les productions naturelles quand elles influent sur la
physionomie locale, les caractères géologiques des terrains, en un mot
cette multitude de faits dont la connaissance passe aux yeux du commun
des hommes pour étrangers à l'art des combats, mais dont l'omission
dans les rapports demandés, ferait rejeter ceux-ci comme incomplets ou
sans valeur par la commission d'état-major chargée d'en évaluer le mérite.
J'ai dû par devoir examiner plusieurs mémoires militaires rédigés selon
de telles instructions par de jeunes officiers sortis de l'école d'application,
et ces mémoires, que n'eussent pas désavoués les savants de profession,
motivent, plusieurs du moins le supposent, l'ombrage que prennent
de naissantes capacités, certains généraux, réputés d'ailleurs expérimen-
tés, mais qui semblent croire qu'à l'armée, la bravoure et le réglement
tenant lieu de tout, la science est incompatible avec ce qu'ils appellent *le
métier*. La supériorité qu'ont montrée les officiers d'état-major dans la
carrière géographique est telle, qu'un autre corps savant, en éprouvant non
de la jalousie, mais une noble émulation, paraît vouloir former en Afrique
une brigade d'élèves chargés de faire aussi de la topographie, au moyen
de laquelle le comité du génie publiera probablement une carte à son tour.
Ainsi, on le voit, la géographie africaine ne peut tarder à se compléter
sans le moindre secours étranger au département de la Guerre.

Le ministère qui s'acquit un immortel renom sous la restauration
même par la délivrance de la Grèce, jugeait autrement du corps d'état-major que le vulgaire, et le général de Caux, son digne appréciateur, qui te-
nait alors le portefeuille, voulut faire participer ses membres à la gloire
pacifique de cette commission exploratrice, sur les attributions et la composition de laquelle vous fûtes autrefois consultés, que vous avez en quelque
sorte organisée vous-même. On vous engagea à présenter des physiciens,
des naturalistes, des peintres ou dessinateurs, des antiquaires, des sculp-
teurs et des architectes, ainsi qu'à rédiger des instructions à leur usage; aux
officiers d'état-major seuls fut réservée la tâche de s'occuper de géodésie
et de topographie, avec injonction de faire aussi sur place, Pausanias,

7··

Strabon , Polybe et Thucydide à la main , de la géographie ancienne ,
mais en la dégageant autant que possible de ce fatras d'érudition qui,
lorsqu'on s'occupe de cette fraction de la science seulement dans le ca-
binet , l'obscurcit en général bien plus qu'elle ne l'éclaire. Le Ministre de
la Guerre suivit alors l'exemple de celui de la Marine , qui s'enorgueillissant
à bon droit d'avoir sous ses ordres des officiers capables de dessiner d'ad-
mirables cartes, et d'en assurer l'exactitude par la rigueur des plus su-
blimes calculs, ne va point hors de son département chercher des secours
qui greveraient inutilement son budget, sans le moindre avantage dans
l'intérêt des sciences. Une brigade topographique fut donc simultanément organisée et annexée à l'une des sections formée d'après votre
avis préalable. Cette brigade ou section supplémentaire a fait ses preuves.
MM. Peytier, Boblaye et Servié, y furent spécialement chargés de la
triangulation que vous connaissez. Le second de ces officiers a , par son
excellent *Essai sur les Ruines de la Morée*, montré que nul n'aurait mieux
traité que lui de la géographie de tous les âges. Quant au mérite de ceux
de ces Messieurs qui furent chargés de figurer le terrain , on en peut juger
dans la carte en six feuilles du Péloponnèse, ou dans celle des principales
îles de l'Archipel, que le général Pelet fit exécuter avec une si étonnante
célérité; ces cartes sont comprises dans le grand ouvrage dont la direction
me fut confiée, et que possède votre bibliothèque.

Le directeur du Dépôt a donc senti, dès qu'il y eut possibilité,
qu'il était dans ses devoirs de faire explorer méthodiquement, par une
brigade topographique, un pays occupé par nos soldats. Sans attendre
qu'il fût question d'une commission scientifique pour l'Algérie, il a soumis
au Ministre le plan d'une brigade topographique africaine. Ce même capitaine, Boblaye, qui contribua pour une si grande part à la triangulation de
la Grèce, ainsi qu'à sa description géologique, qui fixa les positions de
Sparte et d'Athènes, est en ce moment sur l'antique Cirtha, que repré-
sente Constantine, et doit, après en avoir déterminé la longitude et la
latitude, continuer ce qu'il y a de fait sur la triangulation, par M. Filhon.
En même temps, le commandant Saint-Hypolithe, ayant d'autres capitaines
sous ses ordres, est chargé de la topographie. Ces Messieurs doivent lier
leurs résultats au littoral que nous a fait si bien connaître le capitaine
de corvette Bérard, dans les magnifiques cartes gravées par les soins de la
Marine, et que M. Arago a mises dernièrement sous les yeux de l'Académie.

Je ne pense donc point qu'il soit nécessaire, pour faire le mieux possible
la géographie ancienne et moderne des provinces barbaresques, de rédiger

d'autres instructions que celles que le général Bernard adressa lui-même à M. le Maréchal-Gouverneur, afin qu'elles servissent de règle aux officiers de la brigade topographique maintenant en travail de l'autre côté de la Méditerranée ; il suffirait, ce me semble, de recommander à MM. les officiers d'état-major de faire toujours aussi bien qu'ils ont fait jusqu'ici. L'Algérie d'ailleurs, si l'on ne songe point à l'abandonner, comme ont osé le proposer quelques personnes dont la voix heureusement n'aura pas d'écho chez les cœurs français, ne rentre-t-elle pas dans le domaine de la carte de France, pour la confection de laquelle il n'a jamais été, que je sache, demandé d'instructions particulières à qui que ce soit, par aucun Ministre ?

_____

M. Bory de Saint-Vincent insiste pour qu'il soit établi un zoologiste et un entomologiste particulièrement en résidence à Constantine : il regarde ce point comme bien plus essentiel à explorer que les rivages. Quel que soit le système d'occupation que le Gouvernement adopte pour l'Algérie, le littoral demeurera toujours d'une exploration facile ; les productions de la mer, quelque intéressantes qu'on les suppose sur les bords africains, n'ont pas la même importance scientifique que celles de l'intérieur. Le bassin méditerranéen offre à peu près les mêmes objets dans tout son pourtour, et la plupart ont été déjà fort bien observés sur divers points des côtes ; mais il n'en est pas de même pour l'intérieur du pays, que quelques personnes craignent de voir bientôt abandonner. C'est précisément pour ces contrées qu'on peut ne pas vouloir conserver, que les expéditions scientifiques du genre de celle de Morée sont utiles ; pour les pays qu'on veut garder elles ont peu d'importance. C'est donc sur Constantine que doit porter l'attention de l'Académie. On circule assez librement dans le pourtour de notre dernière conquête ; on a déjà reçu au Dépôt de la Guerre, par les soins du général Pelet, les matériaux à dix et quinze lieues de diamètre, pour en faire une carte aussi bonne que celle des environs de Paris : ainsi le zoologiste et l'entomologiste y pourraient faire des recherches véritablement utiles en sécurité, et je crois, par la connaissance que j'ai acquise de ce qui convient au succès des expéditions scientifiques, que c'est sur le centre de l'Algérie, dont la possession est précaire, et non sur les côtes, que l'attention du Gouvernement doit être principalement appelée par l'Institut.

RAPPORT

CONCERNANT LA MÉDECINE;

Par M. SERRES.

————

La médecine a eu peu de part jusqu'à ce jour dans les instructions diverses données par l'Académie aux commissions scientifiques. On conçoit en effet le peu d'intérêt qu'offrent pour cette science les voyages de circumnavigation, dans lesquels on n'a ni le temps ni les moyens de se livrer aux recherches délicates qu'exigent les observations médicales; puisque ce n'est, pour ainsi dire, qu'en passant, que les Commissions se mettent en rapport avec les peuples qu'elles visitent.

Mais il n'en est pas ainsi pour la Commission scientifique d'Afrique. Si, comme tout porte à le croire, la France conserve l'Algérie, en totalité ou en partie, le temps et les moyens ne lui manqueront pas pour se livrer à ses recherches. On conçoit d'ailleurs que l'un des intérêts les plus pressants de la colonie, est la connaissance des conditions climatériques et hygiéniques qui peuvent être nuisibles ou favorables à la santé des habitants et des colons. On conçoit surtout que les conseils à donner à ces derniers, de même que les mesures à prendre pour l'acclimatement des militaires, ne peuvent être que le résultat d'une étude approfondie des localités, ainsi que de la connaissance des maladies, soit endémiques, soit sporadiques, qui peuvent régner dans ces contrées. Dans notre propre intérêt, comme dans celui des habitants, rien ne doit donc être négligé pour arriver, le plus promptement possible, à ce résultat, afin de rendre à l'Algérie la salubrité qu'elle avait du temps des Romains, salubrité que lui ont fait perdre les ravages de la barbarie.

Dans cette vue, les maladies endémiques sont le premier sujet sur lequel doit être portée l'attention de la Commission. A toutes les époques de la civilisation, les colonies n'ont englouti tant de milliers d'hommes, que parce qu'on ne s'est pas occupé assez tôt d'éteindre ces foyers de destruction. Or, la source de ces foyers se trouve constamment dans la topographie des localités où ils existent; en réunissant les notions qui seront fournies par les physiciens, les géologues et les autres membres de la Commission, on peut donc espérer de posséder tous les renseignements propres à éclairer la médecine sur ce sujet.

Après l'étude de la température et de ses variations, après celle de la direction habituelle des vents, celle de l'appréciation de la quantité de pluie qui tombe dans une année, la Commission doit spécialement s'occuper de la direction et de l'écoulement des eaux; si leur cours est continu, leur effet est surtout utile dans les pays chauds; mais s'il est arrêté, et si en s'accumulant, les eaux forment des marais ou des marécages, en s'infiltrant dans les terres, leur infiltration ou leur stagnation devient constamment la cause permanente de maladies endémiques dont la gravité est toujours, et dans tous les lieux, en raison directe de l'élévation de la température.

La nature des eaux marécageuses influe également d'une manière puissante sur leur danger : ainsi, on a remarqué que des marais recevant, à certaines époques, des eaux sulfureuses, deviennent, peu de temps après, plus meurtriers qu'ils ne le sont habituellement. On a remarqué que ceux qui, dans certains temps de l'année, communiquent avec la mer, sont de tous les plus dangereux, par la raison que le mélange des eaux produit la mort des infusoires et des mollusques qui vivent dans leur sein.

A l'indication des marais qui peuvent exister dans l'Algérie, la Commission est donc invitée à y joindre leur topographie particulière, en indiquant le sol sur lequel ils reposent, les infusoires et les mollusques qui se trouvent dans leurs eaux, les plantes qui de préférence croissent aux alentours, les mammifères, les oiseaux et les reptiles qui vivent en plus ou moins grand nombre dans leur voisinage; circonstances qui toutes peuvent nous mettre à même de bien apprécier la nature des endémies marécageuses, et, par conséquent, nous éclairer sur les moyens les plus efficaces à leur opposer.

Car les fièvres de marais sont ou des fièvres intermittentes simples, dont on se rend maître avec assez de facilité; ou des rémittentes continues, dont la gravité est si souvent rebelle à tous les moyens de l'art. Le tableau de ces fièvres serait donc incomplet sans les données qui précèdent, et sans la détermination précise de l'époque où les effluves des marais deviennent nuisibles, et surtout du rapport qui peut exister entre cette époque et leur desséchement ou leur communication avec la mer par l'effet des marées. Cette dernière circonstance est particulièrement utile à l'administration militaire pour le stationnement des troupes et leur mutation, qui, en temps de paix, doivent être basés sur le degré de salubrité des localités qu'elles doivent occuper. Quant à la topographie des villes, l'hygiène publique est trop avancée en ce qui les concerne, pour qu'il soit nécessaire d'indiquer quelque chose de particulier aux recherches de la Commission.

Après les endémies marécageuses, les épidémies sont le fléau le plus à redouter pour l'Algérie. Le *Moniteur algérien* de 1834 nous a fait connaître la peste qui a ravagé Alger en 1817 et 1818; et soit qu'elle ait été importée d'Égypte ou de l'empire du Maroc, il paraît qu'elle s'est propagée vers le désert par voie de contagion. Ce fait mérite une vérification scrupuleuse de la part de la Commission, qui devra rechercher avec soin jusqu'à quelle distance elle s'étendit dans les terres, et comment elle s'arrêta dans se propagation. Elle examinera également si son invasion et sa terminaison ont eu lieu, comme en Égypte, à des époques déterminées. Enfin, elle complétera cette histoire, s'il lui est possible, par la recherche des épidémies qui ont pu se déclarer dans l'Algérie dans le cours du xviiie siècle.

Les symptômes de la peste ont un caractère frappant d'analogie, quelle que soit la diversité des lieux et des climats où elle s'est manifestée; mais ce qu'il y a de remarquable, et ce qui avant M. le docteur Chervin avait peu été remarqué, c'est l'analogie des phénomènes morbides qui l'ont précédée dans tous les temps, et sous toutes les latitudes. Partout, en effet, où la peste s'est déclarée, dans le xvie, le xviie et le xviiie siècle, elle a été précédée de fièvres graves, que les auteurs désignent sous le nom de fièvres malignes. M. Ségur-Dupeyron a insisté d'une manière particulière sur ce prodrome des épidémies de l'Égypte, dans le Mémoire qu'il a communiqué il y a deux ans à l'Académie ; on le trouve également indiqué dans la relation de la dernière peste d'Alger, faite par M. le docteur Guyon.

Les signes constants d'incubation de la peste, si intéressants par eux-mêmes, le deviennent plus encore si on les rapproche des causes diverses auxquelles l'origine de la maladie a été attribuée. Mais ce que les anciens désignaient sous le nom de fièvres malignes, est, en général, si vague, qu'il devient nécessaire de recueillir toutes les notions que l'on pourrait se procurer à Alger sur le caractère et la nature des symptômes de cette incubation. En se livrant à cette recherche, la Commission n'oubliera pas, qu'en 1814, le typhus était caractérisé par la présence d'une éruption très prononcée sur les deux tiers inférieurs de l'intestin grêle; elle n'oubliera pas que dans le choléra asiatique, on a presque toujours rencontré des myriades de granulations dans toute l'étendue de la membrane muqueuse intestinale; elle n'oubliera pas, enfin, qu'en Europe les fièvres graves sont accompagnées, quatre-vingt-dix fois sur cent, d'une éruption des plus intenses sur le canal intestinal.

Cette éruption existe-t-elle dans les fièvres graves d'Afrique ? Sa marche est-elle conforme à celle qu'elle suit en Europe? les ulcérations des plaques de Peyer sont-elles plus ou moins fréquentes? la chaleur du climat influe-t-elle sur ces éruptions, comme elle le fait sur celles qui siégent sur la peau? Ces notions sont d'autant plus utiles qu'elles seules peuvent servir de règle pour établir une méthode rationnelle de traitement, en les rattachant aux symptômes généraux qui les accompagnent, et en les complétant, s'il est possible, par l'étude des altérations des fluides, et plus particulièrement par celles du sang.

Si malheureusement une dyssenterie endémique ou épidémique se manifestait parmi les militaires en Afrique, il serait très important de s'assurer si elle s'accompagnerait d'un développement insolite des follicules isolés de Brunner, ou des follicules agminés de Peyer ; car la médecine doit marcher présentement vers la solution du problème qui suit :

« Pourrait-on ramener toutes les épidémies aux affections éruptives » dont les unes auraient leur siége sur l'enveloppe externe du corps, et » les autres sur son enveloppe interne? »

En étudiant les signes précurseurs de la peste, la commission est invitée de vérifier à Alger, si les personnes qui avaient été attaquées de la maladie dans les épidémies antérieures , ont ressenti dans la dernière et quelque temps avant , des douleurs plus ou moins aiguës dans les cicatrices de leurs bubons? Si ce phénomène était aussi exact et surtout aussi constant que l'ont supposé quelques auteurs, ne pourrait-on pas par ce moyen prévoir d'avance l'invasion de la maladie ?

Enfin, nous ne saurions trop recommander à la sollicitude de la commission, l'étude approfondie de tout ce qui pourra répandre quelque lumière sur l'origine et le caractère transmissible ou non transmissible de cette maladie. Dans un moment où l'Orient et l'Occident se rapprochent en quelque sorte par la navigation à la vapeur, il importe plus que jamais que l'on sache définitivement à quoi s'en tenir sur la contagion de la peste. Les faits semblent décidés pour l'affirmative. Mais ces faits sont-ils bien exacts? Sont-ils dégagés de toute préoccupation? des faits semblables n'avaient-ils pas fait croire à la contagion de la fièvre jaune et du choléra asiatique? Or, d'après les observations rigoureuses faites par un de nos compatriotes (M. le docteur Chervin), la plupart des médecins de l'Amé-

8

rique sont revenus de cette opinion en ce qui concerne la fièvre jaune, et depuis les travaux et les observations des médecins de Paris en 1832, personne ne croit plus en France à la contagion du choléra? Ceux qui ont fait décider la contagion de la peste doivent donc être soumis de nouveau au rigoureux examen de la médecine de nos jours.

Les maladies cutanées devenant souvent épidémiques, méritent, d'après ce qui précède, l'attention particulière de la commission. On sait que les pays chauds sont éminemment favorables à leur développement; l'influence de la chaleur se fait-elle sentir sur la durée des maladies aiguës de la peau, telles que la rougeole, la scarlatine et la variole? Lorsque ces maladies existent épidémiquement, l'invasion de l'épidémie coïncide-t-elle ou non avec le plus haut degré de la température? La réponse à cette question, dont on pourra facilement se procurer les éléments dans l'Algérie, nous mettrait à même de juger par les faits l'opinion de sir Humphry Davy sur l'action désinfectante d'une forte chaleur, opinion que paraissent confirmer les expériences directes du Dr Henry. Peut-être aussi pourrait-elle éclairer l'idée si singulière de certains médecins arabes qui considéraient la variole comme nécessaire, comme indispensable même à l'évolution physique de l'homme.

L'intensité de la variole dans les pays chauds est un des faits les plus anciennement connus de son histoire. Avant la découverte de la vaccine, les tableaux statistiques sur cette maladie avaient appris qu'elle allait graduellement en s'affaiblissant à mesure que l'on s'avançait du midi vers le nord de l'Europe. Selon quelques auteurs les habitants de la Laponie en étaient exempts. Appliquée à la vaccine, cette connaissance pourrait avoir des résultats très importants.

Depuis quelques années, l'opinion que la vaccine s'affaiblit et préserve moins efficacement de la variole, s'est répandue en Europe. Cette opinion est fondée sur la marche moins active des pustules vaccinales et sur le nombre toujours croissant des varioloïdes, qui attaquent les personnes vaccinées. Jusqu'en 1825, on observait rarement la varioloïde dans les hôpitaux de Paris; mais dans la violente épidémie de variole qui eut lieu cette année, sur 682 variolés qui furent reçus à l'hôpital de la Pitié, il y en eut 162 qui avaient été vaccinés, et 88 dont la vaccination était douteuse. On compta 19 vaccinés sur les 176 malades qui succombèrent. Depuis, la varioloïde a été plutôt en augmentant qu'en diminuant, à la gravité près. C'est d'après des faits de ce genre que la revaccination a été proposée, et c'est pour les prévenir que les médecins se sont mis à la

recherche du *Cowpox*, afin de rajeunir le virus vaccin et de lui rendre l'é-
nergie qu'il avait peu de temps après la découverte de Jenner.

Or, quand on examine de près cette question, que la prudence des
médecins ne leur a permis que d'effleurer jusqu'à ce jour, on trouve que,
tandis que dans le midi de l'Europe le virus vaccin conserve presque son
activité première, cette activité va au contraire en s'affaiblissant à mesure
que l'on s'avance vers le nord ; c'est-à-dire que l'affaiblissement de la vaccine semble répéter assez exactement l'affaiblissement que l'on avait constaté dans la variole, du midi au nord. Une expérience curieuse de M. le
professeur Mojon, de Gènes, quoique faite dans un autre but, paraît
justifier ce résultat : ce médecin distingué ayant fait congeler du virus
vaccin dans un petit tube, et l'ayant ensuite inoculé sur des enfants,
reconnut que la congélation lui avait fait perdre sa propriété de trans-
mission.

S'il est incontestable d'après ces faits que l'activité des maladies cutanées est excitée par l'influence de la chaleur, il est donc à présumer que
la vaccine a dû conserver dans l'Algérie toute son énergie ; et, si cela est,
on conçoit qu'en la transportant en France, nous pourrons rendre à notre
virus vaccin son activité première. Pour donner aux expériences le degré
de certitude qu'elles doivent avoir, il est nécessaire de suivre jour par
jour le développement du virus vaccin dans l'Algérie, et d'en comparer
jour par jour les pustules à celles décrites par Jenner. Il est nécessaire
également de constater si, comme en Europe, la varioloïde se développe
chez les personnes vaccinées. Avec ces deux éléments il sera facile de
résoudre promptement la question.

L'inoculation de la variole est-elle encore en vigueur dans l'Algérie,
et la pratique-t-on à la paume ou au dos de la main, comme du temps
du docteur Shaw ? Les Arabes font-ils avorter encore les pustules des
paupières et des environs de l'œil en les frictionnant avec une pommade grise ? Si cette pratique est encore en usage, la commission devra
en rechercher la composition. Est-ce un carbure de fer ou le mercure qui
en fait la base ? On reconnaît à ce procédé l'idée première de notre méthode ectrotique de la variole ; et si le mercure entre dans la composition
de la pommade des Arabes, nous aurions été devancés dans la modifi-
cation que nous avons fait subir à cette méthode. Car, en 1835,
1836 et 1837, nous avons arrêté le développement des pustules vario-
liques sur 37 malades, en les recouvrant avec l'emplâtre de Vigo, dans
la composition duquel entre, comme on sait, le mercure. Ce procédé, sur

8..

lequel deux thèses ont été soutenues à la Faculté de Médecine par MM. les docteurs Gariel et Boussat, a été répété avec le même succès à l'hôpital Cochin par MM. Briquet et Nonat, médecins de cette maison.

Enfin, la Commission devra particulièrement s'attacher à rechercher quelles sont en général les maladies cutanées qui règnent dans l'Algérie, et quelles sont les races qu'elles affectent plus spécialement? Les Arabes des diverses tribus que l'abbé Poiret visita en 1785, aux environs de la Calle, avaient presque tous la gale. En est-il de même aujourd'hui? Les tumeurs éléphantiasiques du scrotum, si fréquentes dans la Basse-Égypte, s'observent-elles dans l'Algérie? Y rencontre-t-on l'éléphantiasis des extrémités et la lèpre? Ces maladies sont-elles différentes, ou ne sont-elles que des degrés d'une même maladie, comme le squirrhe et le cancer ulcéré. Le pian, si commun sur la côte occidentale de l'Afrique située entre les deux tropiques, existe-t-il en Algérie, ou bien est-il remplacé par la pellagre que nous voyons presque s'éteindre dans certaines parties de l'Italie? Enfin, où en est la syphilis en Afrique, et par quelle méthode de traitement la combat-on?

On sait encore que la cécité est commune parmi les Arabes; à quelle cause faut-il l'attribuer? Est-elle le résultat d'ophtalmies produites par l'intensité de la lumière, ou par l'action irritante des sables du désert sur le globe de l'œil? L'ophtalmie est-elle quelquefois, comme en Égypte, endémique ou épidémique? Est-elle contagieuse? La cécité ne serait-elle pas produite par la paralysie de la rétine trop excitée par l'intensité de la lumière? La commission pourra facilement résoudre sur les lieux la plupart de ces questions; elle pourra s'informer également si les Arabes sont aussi partisans de la saignée qu'ils l'étaient lorsqu'ils furent visités par l'abbé Poiret; s'ils font toujours un grand usage du cautère actuel dans le traitement des maladies internes, telles que la pleurésie, la pneumonie, l'entérite, les rhumatismes aigus, etc.?

La phthisie pulmonaire, et particulièrement la phthisie tuberculeuse, méritent d'une manière spéciale l'attention de la Commission. Les auteurs qui ont écrit sur les maladies des pays chauds, en ont peu fait mention dans leurs ouvrages. De là, peut-être, l'opinion qui s'est accréditée parmi les médecins, que l'habitation de ces pays est éminemment favorable à ceux qui en sont atteints ou menacés. De là même la demande faite dernièrement à M. le Ministre du Commerce de fonder dans l'Algérie un établissement pour traiter les phthisiques.

Mais dans l'état présent de la médecine, nous manquons des éléments nécessaires pour déterminer l'influence que les climats exercent sur le développement de la phthisie tuberculeuse. Car, d'une part, bien que les médecins qui ont pratiqué dans les pays chauds ne la mentionnent pas parmi les affections que l'élévation habituelle de la température peut produire, néanmoins, on la trouve décrite dans les observations particulières qu'ils rapportent, et malheureusement on y voit que sa terminaison est peu différente de celle qu'elle a en Europe. Et, d'autre part, quand on consulte les tables de mortalité, dressées dans diverses capitales de l'Europe, on reconnaît que le nombre des décès produits par la phthisie est loin d'être entièrement à l'avantage des pays chauds.

Ainsi, à Marseille, il y a 1 phthisique sur 4 décès; à Paris et à Londres, 1 sur 4 $\frac{1}{3}$; à Gênes, 1 sur 6; à Gibraltar, 1 sur 7; à Naples, 1 sur 8.

Tandis qu'à Vienne, il y a 1 phthisique sur 8 $\frac{1}{2}$; à Berlin, 1 sur 14; et à Stockholm, 1 sur 15 $\frac{3}{4}$.

A Rome et à Milan, il n'y a au contraire que 1 phthisique sur 20 décès. (M. Andral, *Leçons sur la Phthisie.*)

C'est-à-dire que Marseille, Paris et Londres, occupent le haut de l'échelle de mortalité par la phthisie pulmonaire; Rome, Milan et Stockholm en occupent le bas; et Gênes, Gibraltar, Vienne, Naples et Berlin les degrés intermédiaires.

Ce serait donc un service rendu à l'humanité, si l'on pouvait déterminer, d'après les faits, l'influence que le climat de l'Algérie exerce sur cette maladie. Indépendamment des notions que pourront fournir à ce sujet les malades indigènes, celles que l'on pourra recueillir sur les militaires envoyés en Afrique, seront surtout propres à éclairer cette question. On sait, en effet, que d'après les mesures prises dans les conseils de révision, on exempte du service militaire toute poitrine mal conformée, tout individu dont la constitution se rapproche des conditions physiques qui prédisposent aux scrophules; c'est-à-dire que l'on écarte tous les éléments compliqués du problème. De sorte que les militaires chez lesquels la phthisie tuberculeuse vient à se développer, sont précisément dans les conditions requises pour bien apprécier l'influence du climat sur cette maladie.

Le Rapport sur la Géologie nous a fait savoir qu'il existe dans l'Algérie plusieurs sources d'eaux thermales; d'un autre côté, les relations des voyageurs nous ont appris que, comme dans tous les pays chauds, les maladies chroniques de la peau y sont très fréquentes. Si parmi ces eaux il y en avait de sulfureuses, le remède se trouverait, pour ainsi dire, à côté du mal. Il serait donc à désirer qu'aux notions demandées par la géologie, on ajoutât leur analyse chimique, en la comparant aux analyses déjà connues de nos eaux thermales. La composition des eaux déterminée, la médecine pourra déterminer à son tour leur action sur les organismes de l'homme, et indiquer, *à priori*, par cette action, le genre de maladies auxquelles leur usage pourrait être approprié. Indépendamment des avantages que ces eaux offriraient par la suite aux indigènes, aux colons et aux militaires, il y aura peut-être des sources dont l'exploitation pourrait même devenir très utile pour la France.

Est-il vrai que la rage chez les chiens soit très rare dans les pays chauds, particulièrement chez les Musulmans? En vérifiant le fait, la commission doit être invitée à en rechercher la cause; puisqu'en France c'est presque toujours dans les temps chauds, ou après de longues sécheresses, que l'hydrophobie se développe chez ces animaux. Sans rien préjuger sur l'explication qui pourrait en être donnée, nous croyons devoir rapporter un fait qui déjà serait propre à mettre sur la voie. On a remarqué à Paris, que depuis l'établissement des bornes-fontaines, l'hydrophobie est devenue moins fréquente; on attribue ce résultat à l'eau limpide qui coule dans les rues, et à la facilité qu'elle offre aux chiens errants pour se désaltérer. Car on sait que les chiens boivent fréquemment, et se désaltèrent rarement dans l'eau trouble ou malpropre. On a remarqué de plus, que les cas d'hydrophobie, observés dans ces dernières années, provenaient de chiens de la banlieue, dont les mares, entretenues par les eaux pluviales, se dessèchent presque toutes en été. On a observé, enfin, que l'époque du rût prédispose beaucoup les chiens au développement de l'hydrophobie.

Si le fait de la rareté de la rage chez les Musulmans est bien exact, ne pourrait-on pas en entrevoir la cause, d'une part dans les soins qu'ils prennent de ces animaux, et d'autre part dans l'abondance des eaux qu'exigent les ablutions journalières prescrites par le Coran? Ces circonstances rapprochées de l'observation faite à Paris, rapprochées de cet autre fait non moins significatif, que presque jamais la rage ne se déclare dans les grandes meutes, ne pourraient-elles pas nous conduire à prévenir l'hydrophobie chez le chien, et par suite chez l'homme? car, c'est à prévenir cette affreuse maladie que nous devons présentement nous appliquer, aujourd'hui que l'insuccès des expériences faites à l'Hôtel-Dieu depuis vingt-cinq ans, avec un soin et une hardiesse peu commune, nous font presque désespérer de découvrir un moyen qui en arrête la déplorable issue.

Enfin nous terminerons ce Rapport (que l'Académie trouvera peut-être un peu long) en portant l'attention de la Commission sur quelques vues de médecine générale dont elle remplira, s'il lui est possible, les indications.

La première sera relative à la statistique médicale. Si l'on pouvait se procurer dans l'Algérie des tableaux sur le nombre des mariages et sur celui des naissances, la comparaison de leurs résultats rapprochés de ceux obtenus en France fournirait des éléments précis pour juger l'influence que la pluralité des femmes exerce sur la population. Des tableaux sur la mortalité, sur la durée moyenne de la vie, sur les établissements de bienfaisance, sur la nature des maladies et des malades qui y sont reçus, nous fourniraient également des matériaux précieux pour juger comparativement à la France le degré de salubrité de l'Algérie, et l'état comparatif de la pathologie ; car on sait qu'il est des maladies, telles que l'aliénation, les scrophules et le rachitisme dont la fréquence est presque toujours en raison directe de la civilisation, par la raison que la civilisation conserve les enfants débiles et chétifs que la barbarie laisse mourir peu de temps après la naissance. Les maladies des femmes musulmanes offriraient également un sujet tout nouveau d'étude. Les maladies du système nerveux, celles de l'utérus et de ses dépendances sont-elles aussi fréquentes dans l'Algérie qu'en Europe? Quelles sont les précautions hygiéniques et médicales que prennent les femmes pendant la grossesse, après l'accouchement et dans le cours de la lactation? Enfin, quelle influence exerce sur leur organisation et sur leurs maladies les conditions physiques et morales auxquelles les assujétit la loi de Mahomet?

Telles sont les questions de médecine et d'hygiène publique sur lesquelles il nous paraît utile de porter l'attention de la Commission. Ainsi que nous le disions au commencement de ce Rapport, il faut, pour les résoudre, du temps, et des médecins pour en recueillir les éléments. Le temps ne nous manquera pas, si nous conservons l'Algérie en totalité ou en partie; et quant aux médecins, indépendamment de ceux qui feront partie de la Commission, M. le Ministre de la Guerre trouvera, dans le personnel du service de santé de l'armée, des hommes instruits qui se dévoueront à ces recherches et qui les exécuteront avec la précision que réclame l'état présent de la médecine. Leurs résultats ne peuvent manquer d'exercer sur la salubrité de l'Algérie, sur la santé de ses habitants, et sur nos militaires l'influence la plus heureuse et la plus à désirer dans l'état actuel des relations de l'Europe avec ces contrées.

En définitive, si la civilisation a fait sentir aux Arabes la force irrésistible de ses armes, si elle leur a montré la puissance de son industrie en leur dévoilant l'une des sources actives de la richesse des nations, n'est-il pas nécessaire, n'est-il pas digne de la France de leur faire connaître par l'expérience le bien-être que les sciences, et surtout la médecine, assurent aux populations civilisées?

————

RAPPORT

CONCERNANT

L'HYDROGRAPHIE ET LA MARINE;

Par **M. L.** de **FREYCINET**.

Positions géographiques. — Après les beaux travaux hydrographiques exécutés naguère sur la côte d'Afrique par M. le capitaine de corvette Bérard, il doit rester bien peu d'observations importantes à faire, sous ce rapport, par les savants appelés à compléter l'exploration de l'Algérie. Nous nous bornerons donc à recommander à ceux qui doivent parcourir ces rivages, de vérifier, autant qu'il leur sera possible, la position en latitude, en longitude et en hauteur, des points les plus remarquables et les plus importants : les observations chronométriques pourront utilement concourir à cet objet.

Description des côtes. — Il conviendra aussi de décrire minutieusement la nature du littoral, pour tout ce qui intéresse la navigation; étudier les points où il est possible à un bateau d'aborder la terre; le plus ou moins de commodité des débarcadères, et dire s'il existe des circonstances où l'on ne puisse les pratiquer. On examinera les points où l'on peut se procurer des vivres et faire aiguade; la nature des eaux qui s'y rencontrent, et la facilité de l'embarquer à toutes les époques de l'année, ou seulement à de certaines saisons.

Pêche. — Les questions qui ont la pêche pour objet ne présentent pas moins d'intérêt. On examinera donc les localités propres à jeter la seine, et celles convenables à se procurer du poisson par d'autres méthodes; on fera connaître les espèces particulières de poisson que l'on peut se procurer, et l'on s'assurera s'il émigre à de certaines époques et quelles sont ces époques, ainsi que les qualités bienfaisantes et malfaisantes de leur chair. On devra s'informer également des procédés de pêche particuliers aux habitants de ces contrées, tant sur mer que dans les lacs et les rivières, ainsi que de leurs moyens de préparer et de conserver le poisson.

9

Marées. — Quoique ce soit une idée reçue qu'il n'existe point de marées dans la Méditerranée, cette question cependant est loin d'avoir été examinée avec la minutieuse attention que comportent les méthodes d'observation modernes. Il sera donc utile de les étudier à l'aide d'un appareil qui permette de tenir compte des plus petites variations et des anomalies qui se rencontrent ordinairement dans de pareils phénomènes, et de voir si ces singularités ne proviennent pas de causes accidentelles, comme des vents, des volcans, etc.

Il ne conviendra pas moins de remarquer la direction des courants et leur vitesse pendant le flot et le jusant, et de dire ce que ces phénomènes peuvent offrir d'utile et de dangereux aux navigateurs. On notera encore la vitesse du courant des rivières, le volume de leurs eaux et les services que les naturels du pays savent en tirer.

Vents. — L'étude de la direction des vents et de leur force, considérée dans leurs rapports avec la navigation; la description de la forme et de la marche des nuages, ainsi que les pronostics du beau, et du mauvais temps, seront encore d'une grande utilité.

Mœurs et usages des habitants du littoral. — Quant aux mœurs, aux usages, ainsi qu'au caractère des habitants du littoral, les navigateurs étant intéressés à les connaître, on en fera une étude particulière. Ces gens sont-ils hostiles à tous les étrangers? Leur férocité provient-elle de quelque idée superstitieuse, ou seulement du désir barbare du pillage? Quels moyens aurait-on de s'en préserver et d'établir avec eux des relations amicales?

Navigation. — Passant à ce qui concerne plus particulièrement l'art de la navigation, on dira quels sont les bâtiments qu'ils emploient pour aller sur l'eau, tant dans l'intérieur, sur les lacs et les rivières, qu'à l'extérieur sur la mer; on examinera leurs connaissances dans la construction navale, l'art de l'équipement, de l'installation, de l'arrimage, du gréement et de la manœuvre des vaisseaux; dans la manière de les conduire, ou le pilotage, d'instruire leurs officiers, de composer leurs équipages, tant pour la guerre que pour le commerce; enfin, on donnera la description de leurs divers bâtiments flottants, et de ce qu'ils peuvent offrir de plus remarquable, comparés à ceux dont on fait usage dans notre patrie.

RAPPORT

CONCERNANT

L'INDUSTRIE ALGÉRIENNE;

Par M. SÉGUIER.

L'industrie algérienne peut être explorée sous des points de vue divers, dans un but purement scientifique, pour recueillir des matériaux pour la grande histoire de l'industrie de l'homme à tous les degrés de civilisation ; sous un aspect plus matériel, elle peut être considérée dans un intérêt tout commercial et manufacturier.

Les peuples d'Afrique, par leurs mœurs, leurs habitudes nomades, leurs usages, peuvent certainement offrir à l'observateur un vaste champ d'exploration ; ainsi, l'étude des moyens employés par ces peuples pour satisfaire aux premières nécessités de la vie, aux premiers besoins de leur conservation, ferait connaître comment ils se mettent à l'abri des intempéries, comment ils se vêtent, comment ils se nourrissent. L'examen de leurs rapports entre eux nous apprendrait quelle est la nature de leur commerce ; de quels objets ils trafiquent pendant la paix ; comment ils s'attaquent et se défendent pendant la guerre.

Ces seuls points de vue généraux qui embrassent la construction des abris, tentes ou maisons, la confection des vêtements et des tissus qui les composent, l'agriculture et les instruments qu'elle exige, la nature des aliments et les moyens de se les procurer, tels que la chasse et la pêche avec les engins qui y servent, les marchandises destinées au commerce pendant la paix, les armes offensives et défensives employées pendant la guerre, peuvent devenir autant de têtes de chapitres qu'un explorateur remplirait utilement du fruit de ses investigations.

Nous pensons que ce ne serait pas sans profit qu'on étudierait les méthodes adoptées et suivies par les peuples d'Afrique dans l'édification de leurs demeures, dans la construction hardie de leurs élégantes mosquées ; il y aurait peut-être pour nous quelques avantages à connaître la compo-

9..

sition exacte de leurs mortiers, la nature des substances qui les constituent : l'espèce de pierres qu'ils emploient pour leur chaux, la manière dont ils la cuisent et l'éteignent, dont ils la mettent en œuvre, offriraient certainement un but d'utiles recherches. La fabrication des tuyaux en poterie si généralement et si économiquement usités en Afrique pour conduire les eaux, ainsi que l'espèce de ciment qui sert à luter et à unir les tuyaux entre eux, serait digne d'une étude spéciale.

L'essence des bois employés dans les édifices et constructions diverses mériterait aussi de fixer l'attention. Cet examen ferait connaître ce qu'était le fameux cytre atlantique, dont parlent Horace et Pline, nom qu'on ne sait plus à quel arbre rattacher aujourd'hui.

L'étude des vêtements, de leur matière, de la nature de leurs tissus, de leur forme même, peut conduire à des considérations hygiéniques de la plus haute importance pour la santé des troupes que nous devons désormais envoyer dans ces contrées.

L'examen des tissus mène naturellement à la recherche et à la description des métiers avec lesquels ils sont fabriqués. La distinction des étoffes tissées dans le pays d'avec celles importées peut donner des indications d'un haut intérêt commercial, et fournir à notre industrie des débouchés nouveaux.

Bien supérieurs dans nos produits nous pouvons cependant puiser chez les peuples d'Afrique des notions importantes pour quelque branche spéciale, comme celle du tannage des cuirs et de leur préparation pour en faire le maroquin. La connaissance exacte de leurs procédés affranchirait tout-à-la-fois notre commerce et notre amour-propre d'un tribut annuel.

L'étude des pratiques agricoles suivies dans ce pays, où l'agriculture est encore si peu avancée, signalerait peut-être à l'attention des variétés de céréales ou des espèces fourragères exigeant pour leur culture moins de soins et parvenant à leur maturité dans un temps plus court. Le mode de conservation des grains dans les silos, si généralement pratiqué en Afrique, est digne d'un examen spécial et approfondi : le choix du terrain, la forme et les dimensions de l'excavation, la manière dont le grain y est placé, le mode de fermeture, la durée de la conservation, les soins dont le grain peut être l'objet avant et pendant son séjour, sont autant de circonstances sur lesquelles il est pour nous du plus haut intérêt d'être bien fixés. Il ne serait pas moins utile pour nous de bien connaître comment l'olivier est cultivé en Afrique, par quels moyens ces peuples, peu avancés dans l'art des machines, extraient l'huile de ses fruits.

La chasse, la pêche sont au nombre des moyens employés par les peuples peu civilisés pour se procurer des aliments. La description et l'observation des espèces d'animaux, d'oiseaux et de poissons qui deviennent le fruit de ces deux exercices fourniraient tout au moins quelques lumières à l'histoire naturelle de ces contrées.

La pêche du corail, dont il se fait sur ces parages un si grand trafic, mérite à elle seule un examen particulier; l'étude des procédés suivis pour cette pêche qui a été si lucrative, malgré l'imperfection de ses engins, suggérerait l'invention de moyens nouveaux et plus convenables. Cette branche d'industrie, toute du littoral africain, pourrait prendre ainsi un degré d'accroissement. Les armes dont se servent les peuples d'Afrique peuvent être considérées sous plus d'un point de vue. La forme et la manière dont on se sert d'une arme méritent un examen, la matière et la méthode suivie pour confectionner une arme en méritent un autre; aussi serait-il intéressant de bien connaître les procédés suivis pendant la préparation du fer, pendant sa conversion en acier, pendant la trempe de ces lames d'une supériorité de tranchant si incontestable, pour diviser des corps mous comme des étoffes ou des chairs.

Les produits de tous genres, fabriqués ou consommés par ces peuples, pourraient donc devenir l'objet d'une classification et d'un examen raisonné. Il serait convenable d'établir une grande distinction entre ceux que les indigènes confectionnent et ceux qu'ils tirent du dehors : on arriverait ainsi à reconnaître parmi les premiers quels sont ceux que nous pourrions leur emprunter avec avantage : on trouverait dans l'étude des seconds de nouveaux placements pour ceux des produits de notre propre industrie, qui pourraient par leur nature satisfaire aux besoins et aux goûts de ces peuples.

Cette double manière d'envisager l'industrie algérienne offrirait tout-à-la-fois des matériaux à la science, des débouchés au commerce. Les intérêts intellectuels et matériels seraient ainsi simultanément satisfaits.

RAPPORT

CONCERNANT LA MÉCANIQUE;

Par M. PONCELET.

Nous recommanderons spécialement à MM. les membres de la commission scientifique d'Afrique, la solution des questions suivantes qui se rattachent au point de vue mécanique de la mission qui leur est confiée.

Quels sont les instruments, outils, machines ou procédés mécaniques dont les habitants de l'Algérie font usage pour la mouture des grains, la culture du sol, le travail des bois et des métaux, la fabrication des étoffes et autres objets d'arts; pour l'élévation et le transport des matériaux, les épuisements et l'irrigation des terres?

Donner la description exacte de ceux de ces procédés, machines, outils ou instruments qui offrent un intérêt propre ou des différences essentielles avec les nôtres; apprécier leurs qualités mécaniques particulières, ainsi que le rapport de leur effet utile, ou de leur produit, à la quantité d'action ou au temps dépensés par la force motrice.

On recherchera avec un intérêt non moindre, l'origine et l'époque de l'introduction de ces machines ou instruments dans le pays; on fera connaître leur état actuel de perfection et les avantages qu'ils peuvent offrir à l'industrie locale ou étrangère. Quelles sont les connaissances ou notions mécaniques de ces peuples? Possèdent-ils des ouvrages relatifs à cette science? Leurs ouvriers d'arts, ceux notamment qui se livrent à la fabrication des outils et des armes, ont-ils l'esprit inventif, ou sont-ils simplement doués de l'esprit d'imitation? Enfin, les monuments de l'architecture mauresque, si remarquables sous le rapport de la hardiesse et de la légèreté, donnent-ils lieu de croire que la construction en est dirigée par des règles pratiques ou mécaniques précises?

Coulomb et d'autres physiciens ayant avancé que, dans les climats chauds, les hommes et les animaux ne sont point susceptibles des mêmes quantités d'action journalière que dans les climats tempérés, la Commission aura à faire à ce sujet quelques observations ou expériences suivies, tant sur les moteurs animés du pays que sur ceux qui y ont été récemment introduits. Elle prendra principalement pour exemple, les quantités d'action fournies par l'homme appliqué au remuement des terres, à l'élévation des fardeaux, aux mouvements des pompes et des manivelles, ainsi que celui qui est développé par les chevaux appliqués aux manéges, aux voitures ou aux charrues. Il serait surtout intéressant de pouvoir apprécier, avec quelque exactitude, les services que, sous le point de vue des transports et du tirage, le chameau, cet animal si sobre, si docile et si laborieux, peut rendre aux industries de toutes espèces, comparativement aux autres animaux de la contrée.

L'une des questions les plus importantes pour la prospérité et les succès futurs de la colonisation de l'Algérie, consistant dans l'appréciation des forces motrices naturelles que cette contrée peut offrir aux industries de tous genres, la Commission aura à examiner, d'une manière plus particulière, quelles sont, à cet égard, les ressources que pourraient offrir les différents cours d'eau et les vents régnants, pour l'établissement de roues hydrauliques et de moulins à vent.

Il sera nécessaire qu'elle fasse niveler et jauger, en différentes saisons, le produit des principaux cours d'eau; qu'elle en étudie le régime, et qu'elle apprécie également, par des expériences convenables, la vitesse et la tenue des vents sur les divers points de la Régence qui sont susceptibles de recevoir des établissements industriels.

Elle examinera, d'ailleurs, quels sont les retenues et bassins d'approvisionnement, étangs ou réservoirs qu'il serait nécessaire de créer pour mettre à profit et régulariser l'action de ces cours d'eau sur les machines, et pour servir même à l'irrigation des terres circonvoisines. Ces opérations mettront la commission en mesure de présenter au Gouvernement et à l'industrie, une évaluation approximative des ressources mécaniques naturelles que peut offrir, au besoin, le pays, pour l'établissement d'usines diverses; mais, afin d'atteindre complétement un tel but, il serait nécessaire qu'à chaque indication du produit et de la chute d'eau ou du nombre des chevaux de force disponibles, on pût joindre un aperçu des difficultés matérielles et des frais en travaux d'arts qu'entraînerait chaque établissement; ce qui permettrait de décider, en général, s'il conviendrait d'accorder aux cours d'eau et à la force du vent, la préférence sur l'emploi de la vapeur dans un pays probablement dépourvu de combustible.

La viabilité des routes et voies de communication quelconques, étant un objet de la plus haute importance sous le point de vue économique des forces motrices, on croit devoir appeler l'attention de MM. les membres de la commission d'Afrique, sur l'utilité des renseignements qu'ils pourraient recueillir relativement à ce sujet, ainsi que sur les améliorations dont seraient susceptibles les principales de ces voies ; sur la nature des travaux à entreprendre et le genre de véhicules à adopter, d'après les usages du pays, les besoins de la colonie et la qualité des matériaux.

Enfin, il serait bien à souhaiter que la commission fixât aussi son attention sur les moyens de rendre navigables les rivières du pays qui en seraient naturellement susceptibles, et recherchât si l'établissement de canaux dans ses principales plaines, pourrait être avantageux sous le point de vue des transports, du desséchement des marais, ainsi que sous celui de l'irrigation des terres ou de la création de chutes d'eau artificielles.

NOTE

Un moyen de puiser de l'eau de mer à de grandes profondeurs, et de découvrir en quelle proportion les deux principes constituants de l'air atmosphérique y sont contenus.

Par M. BIOT.

———————

Les chimistes ont prouvé depuis long-temps que l'eau s'imprègne des gaz qui reposent sur sa surface. Cette absorption s'opère par une véritable affinité chimique qui s'exerce sur les différents gaz; et, lorsqu'on étudie particulièrement ses effets sur l'oxigène et sur l'azote, ces deux principes constituants de l'air atmosphérique, on la trouve plus forte pour le premier que pour le second. De là il résulte que les eaux des fleuves et des mers, toujours en contact avec l'atmosphère, s'imprègnent à la longue d'un mélange gazeux où l'oxigène domine. En effet, des expériences très exactes, faites par MM. de Humboldt et Gay-Lussac, ont prouvé que l'eau de pluie, l'eau de Seine et l'eau de neige, renferment un mélange d'oxigène et d'azote qui, sur 100 parties de son volume, contient depuis 29 jusqu'à 32 parties d'oxigène; tandis que, dans l'air atmosphérique, en tout temps et en tous climats, la proportion d'oxigène est constamment égale à 21 parties. MM. de Humboldt et Provençal ont, en outre, déterminé le volume absolu du mélange gazeux contenu ainsi dans l'eau, près de la surface; et ils ont trouvé qu'il était $\frac{1}{36}$ du volume de l'eau.

Par une conséquence nécessaire de ces propriétés, la vaste étendue des mers qui recouvrent une grande partie du globe, est imprégnée d'un mélange gazeux dont les proportions, près de la surface, doivent être à peu près les mêmes que nous venons d'indiquer. Je me suis assuré qu'il en est ainsi encore à la profondeur de mille mètres; car l'eau de mer, retirée d'une couche aussi profonde, m'a donné un mélange qui contenait, en volume, 28 parties d'oxigène sur 100. J'ai fait autrefois cette expérience dans la Méditerranée.

Mais ici se présentent plusieurs grandes questions de physique ter-

10

restre que l'appareil dont je me servais alors ne pouvait résoudre. A mesure que l'on s'enfonce dans les profondeurs de la mer, la masse d'eau supérieure presse l'inférieure de son poids ; et, comme une colonne d'eau de mer, de dix mètres de hauteur, pèse à peu près autant qu'une colonne d'air de même base prise depuis la surface terrestre jusqu'à la limite de l'atmosphère, il s'ensuit qu'à la profondeur de mille mètres l'eau supporte déjà cent atmosphères de pression. Que l'on conçoive l'énormité de cet effort sur les couches les plus basses, si la profondeur moyenne de la mer, loin des côtes, doit être supposée de plusieurs lieues, comme les lois de la gravitation semblent l'indiquer! (1). Or, des expériences directes nous apprennent aussi que l'eau, mise en contact par sa surface avec des gaz comprimés, et pressée elle-même par eux, en absorbe le même volume que s'ils étaient soumis à la simple pression d'une seule atmosphère; de sorte que le poids absorbé en devient proportionnellement plus fort. Si donc le seul fait d'une absorption uniforme, propagée de proche en proche dans toute la masse des mers, doit déjà y fixer un volume d'air considérable, combien la quantité absorbée, ou absorbable, ne s'accroîtra-t-elle pas si elle doit être ainsi proportionnelle à la pression, pour chaque profondeur! Alors cette saturation ayant dû s'opérer graduellement depuis que les mers se sont formées, aura modifié graduellement aussi l'atmosphère préexistante, et peut-être continue de la modifier encore aujourd'hui, si l'affinité qui en est la cause n'est pas satisfaite. L'influence de ces phénomènes sur l'état de l'atmosphère extérieure, conséquemment sur les conditions d'existence des êtres vivants à la surface du globe, mérite bien qu'on essaie de les étudier et d'en mesurer l'étendue réelle.

Pour cela il faut puiser de l'eau de la mer à de grandes profondeurs, loin des côtes, la ramener à la surface avec tout l'air qu'elle peut contenir; puis, dégager cet air par l'ébullition; mesurer son volume sous la pression atmosphérique ordinaire, et enfin l'analyser chimiquement. De ces opérations, la seule difficile est d'extraire l'eau de la profondeur où l'on veut la prendre, et de la ramener à la surface avec tout ce qu'elle peut renfermer. D'abord, il ne faut pas songer à y employer des capacités vides, ou pleines d'air, qui s'ouvriraient aux profondeurs assignées, pour s'y remplir d'eau; car la pression qu'elles auraient à supporter avant d'y parvenir, ferait filtrer l'eau à travers les joints les plus parfaits

---

(1) *Mécanique céleste*, tome II, page 200.

des obturateurs, ou écraserait les vases si les obturateurs résistaient ; et, enfin, si le mélange gazeux contenu dans les couches profondes, partage la pression qu'elles éprouvent, il se dilaterait dans le rapport inverse quand on ramènerait l'appareil vers la surface, et s'échapperait par les obturateurs, ou briserait les parois de l'appareil par explosion. Afin d'éluder ces efforts contraires, prenons pour vase un cylindre de verre creux, fermé à l'un de ses bouts par une plaque solide de métal, formant ainsi un véritable seau muni d'une anse, où l'on attache une corde pour le descendre au fond de la mer. Ce seau étant vide, et ouvert à l'eau environnante, descend dans les diverses couches sans être endommagé par la pression. Quand il est à la profondeur requise, on tire une autre corde attachée à sa partie inférieure par une anse inverse, et on le fait chavirer en le renversant. Cette seconde corde sert ensuite pour remonter l'appareil ; et afin qu'elle ne se mêle pas à l'autre, on la tient de l'autre bout du navire. Or le cylindre de verre est à double fond, l'un fixe, l'autre mobile. Celui-ci est un véritable piston de machine pneumatique, qui descend tout seul, par son propre poids, quand le seau est retourné ; et en même temps le fond fixe a un petit trou muni d'une soupape, qui s'ouvre de dehors en dedans sous l'effort de l'eau environnante, et la laisse s'introduire dans la capacité vide que lui ouvre le piston descendant. Celui-ci descendu, et la capacité remplie, la soupape du fond fixe se ferme par son propre ressort, et l'eau introduite se trouve isolée de toute autre quand on la ramène. Mais, si cette eau contient un air comprimé, rien ne balancera son effort d'expansion, non plus que celui de cet air, quand on ramènera le tout vers la surface où la pression de l'eau extérieure est nulle : elle pourra donc s'échapper ou briser l'appareil. Pour se garantir contre cette violence, on prépare une libre issue à toute expansion possible de l'air et de l'eau. A cet effet, le fond fixe est muni d'un canal latéral qui conduit à une vessie à gaz, laquelle a été primitivement remplie d'eau, puis vidée et affaissée sur elle-même avant de descendre l'appareil. Cette vessie recevra tout l'air que l'eau puisée dans les couches profondes pourra dégager en revenant vers la surface ; et, s'il s'en dégage, elle remontera plus ou moins gonflée. Alors, en fermant les robinets dont le canal qui la porte est muni, on pourra la séparer du vase plein d'eau, mesurer le volume de l'air qu'elle renferme et l'analyser ; après quoi on pourra étudier de même celui qui a dû rester dans l'eau du vase, et aussi toutes les matières que cette eau pourra tenir en dissolution. Tel est l'appareil qui a été remis au commandant de *la Bonite;* et le zèle comme les lu-

mières de cet officier, nous donnent l'assurance qu'il sera employé utilement, sous ses ordres, pour résoudre les diverses questions de physique
terrestre indiquées plus haut ; lesquelles, outre leur intérêt purement
scientifique, ont encore de l'importance par les connaissances que leur
solution doit nous fournir sur la permanence ou la variabilité de notre atmosphère, et sur les conditions d'existence des êtres animés qui vivent
dans la profondeur des mers (1).

---

(1) D'après l'usage auquel cet appareil est destiné, il est évident que le piston
mobile doit être garni de cuirs gras qui puissent retenir l'air aussi bien que l'eau, ce
qu'un piston purement métallique et inflexible ne ferait pas. J'ai recommandé de faire
le cylindre en verre plutôt qu'en métal, afin d'éviter l'oxidation ; et aussi pour que
l'on puisse voir à travers ses parois les particularités que le liquide intérieur pourrait présenter. L'expérience des officiers de *la Bonite* a appris que, dans les voyages de
long cours, les vessies sont sujettes à être piquées par des insectes qui les mettent hors
de service. C'est pourquoi il est bon d'en emporter un certain nombre, enfermées hermétiquement dans des tubes de verre, pour les employer au besoin, mais toujours
après avoir vérifié qu'elles tiennent bien l'air.

RAPPORT

CONCERNANT

LA MÉTÉOROLOGIE ET LA PHYSIQUE DU GLOBE;

Par M. ARAGO (1).

Anomalie touchant la distribution de la température dans l'atmosphère.

Les causes physiques qui concourent à rendre les couches de l'atmosphère d'autant plus froides qu'elles sont plus élevées, n'ont pas été soumises jusqu'ici à une appréciation exacte. Il est même permis de supposer que quelque chose manque à l'énumération qu'on en a faite. Dans cette situation, il m'avait paru qu'une anomalie pouvait tout aussi bien mettre sur la voie des lacunes, s'il en existe, et suggérer les moyens de les combler, qu'une étude générale du phénomène. Voilà pourquoi j'avais cru devoir appeler l'attention des observateurs de *la Bonite*, sur l'exception que la loi ordinaire subit, LA NUIT, *'par un temps serein;* sur la progression, ALORS *croissante,* que les températures atmosphériques présentent depuis le sol jusqu'à une certaine limite de hauteur qui n'a pas été encore exactement déterminée. Aujourd'hui, ce champ de recherches me paraît s'être agrandi. Dans certains climats, les températures atmosphériques me semblent pouvoir être *croissantes avec la hauteur,* MÊME EN PLEIN JOUR. J'ai constaté ce résultat en discutant, dans d'autres vues, des observations de MM. les capitaines *Sabine* et *Foster,* faites, en juillet 1823, pour déterminer l'élévation d'une montagne du *Spitzberg* isolée et très pointue.

---

(1) Les notes qu'on va lire, doivent être considérées comme le complément des Instructions que j'avais rédigées au moment du départ de la corvette *la Bonite*, et dans lesquelles j'envisageais divers problèmes de météorologie sous le point de vue le plus général. Il m'a semblé, d'après cela, qu'il n'était pas nécessaire de séparer les questions que doivent étudier les voyageurs de l'Algérie, de celles qui intéresseront plus particulièrement l'expédition du Nord.

Le 17 juillet, entre $4^h 30'$ et 6^h du soir, la température moyenne de l'air fut :

A la station inférieure............... .... $+ 1°,6$ centigr. ;
Au sommet de la montagne (à 501 mètres de hauteur)... $+ 1°,9$;
    Le temps était sombre ; il faisait un peu de vent.

Le 18 juillet, entre $3^h 20'$ et 6^h du soir :

A la station inférieure............... $+ 1°,9$;
Au sommet de la montagne........... $+ 1°,2$;
    Brouillard épais ; brise modérée.

Le 20 juillet, entre *minuit et 2^h du matin :*

(Tout le monde sait que le 20 juillet, au *Spitzberg*, le soleil ne se couche pas , et qu'*à minuit* il est encore assez élevé au-dessus de l'horizon. Dans le lieu où M. le capitaine Sabine observait , cette élévation du soleil était d'environ 11°.)

A la station inférieure.................. $+ 2°,4$;
Au sommet de la montagne............... $+ 4°,4$;
    Le temps était *très beau, très serein.*

Le 21 juillet, entre $10^h \frac{1}{2}$ du matin et midi $\frac{1}{2}$:

A la station inférieure............ $+ 4°,3$;
Au sommet de la montagne........ $+ 3°,9$.
  Il pleuvait à la station inférieure. La montagne était dans les nuages.

On voit que l'anomalie n'existe pas quand le temps est entièrement couvert. Elle atteint son maximum, au contraire, par un ciel serein. Tout cela est en accord parfait avec l'explication que nous avons donnée du phénomène dans les instructions de *la Bonite,* et qui se fonde sur les lois du rayonnement de la chaleur ; tout cela conduit à supposer aussi que dans nos climats, si le temps est favorable, la température de l'atmosphère peut être croissante et non décroissante avec la hauteur, même avant *le coucher du soleil.* Des dispositions que j'ai en vue depuis fort long-temps, permettront de soumettre cette conjecture à une épreuve décisive. En attendant, il nous semble que l'Académie doit engager les membres de l'expédition du Nord à suivre avec une attention soutenue le phénomène que je viens de leur signaler. Un ballon captif qui porterait le thermomètre à *minimum* et qu'on lancerait de temps à autre dans les airs, servirait à faire les observations d'une manière encore plus concluante que si l'on avait pu s'établir sur une montagne isolée et à sommet aigu. Nous recommanderions seulement de substituer un thermomètre à déversement, aux thermomètres à index mobile de Rutherford ou de *Six* dont l'usage serait très peu sûr à cause des fortes oscillations du ballon pendant sa montée, pendant sa descente, et même pendant le séjour de quelque durée qu'il devrait faire au point le plus élevé de sa course (1).

Température de la terre dans les régions polaires et sur la croupe des montagnes élevées.

Dans nos climats, la température moyenne des caves, des puits, des sources ordinaires est à très peu près égale à la température moyenne du lieu, déterminée à l'aide d'un thermomètre situé à l'ombre et en plein air. Il n'en est plus de même dans certaines contrées voisines du pôle et, dans toutes les contrées, près de la limite des neiges perpétuelles. Là, comme l'ont surtout prouvé les observations de MM. *Wahlenberg* et *Léopold de Buch*, la température du sol et par conséquent la température des sources, sont notablement supérieures à la température moyenne de l'atmosphère.

---

(1) Depuis que ce paragraphe est rédigé, j'ai reconnu qu'il y avait déjà dans l'ouvrage de Pictet, des observations de températures atmosphériques croissantes avec la hauteur, faites de nuit, ou du moins quand le soleil était sous l'horizon. M. *Biot* m'a remis, en outre, la note que je vais transcrire, relative à des observations du général *Roy* et du docteur *Lind*, sur la mesure des hauteurs par le baromètre; *Philosoph. Trans.*, 1777, 2ᵉ partie, p. 728.

Après avoir cité quelques observations faites à de très petites hauteurs, dans lesquelles, par l'influence des localités, le thermomètre supérieur avait indiqué une température un peu plus haute que l'inférieur, l'auteur ajoute ces propres paroles : « Mais le plus remarquable exemple de ce genre s'est présenté dans une des observa-» tions du docteur Lind, lors du dégel survenu le 31 janvier 1776, à la suite du grand » froid qui avait précédé. A Hawk-Hill (station inférieure) à 10ʰ 45′ du matin la tempé-» rature de l'air libre était 14° Far. (— 10° cent.); tandis qu'au sommet d'Arthur-» Seat (station supérieure) elle était à 20° F. (— 6. ⅔). La terre, qui était restée gelée, » maintenait l'air extrêmement froid en bas, quoiqu'il eût déjà éprouvé l'influence du » dégel sur le sommet de la montagne. »

La différence de niveau des deux stations ici désignées était de 684 pieds anglais, et l'on voit que l'excès de température, au sommet de la colonne, a été 6° Far. ou 3⅓ cent.; mais les points intermédiaires n'ayant pas été observés, on ne peut savoir si cet accroissement était continu ou s'il n'existait pas déjà un décroissement réel au sommet de la station la plus haute.

L'anomalie avait été expliquée d'une manière en apparence satisfaisante. L'épaisse couche de neige qui, dans les régions boréales ou dans celles dont la hauteur au-dessus de l'horizon est considérable, couvre le sol pendant une bonne partie de l'année, ne peut manquer, disait-on, à cause de son défaut de conductibilité, d'empêcher les grands froids de l'hiver d'atteindre la terre ou du moins de s'y propager jusqu'aux profondeurs auxquelles ils seraient descendus, si la surface ne s'était pas revêtue de cette sorte d'enveloppe. La neige, quelque bizarre que le résultat doive paraître de prime abord, est donc, à tout prendre pour les régions où elle séjourne long-temps, une cause réelle d'échauffement.

Que peut-on opposer à une explication où tout paraît si rationnel, si évident? On peut lui opposer, d'abord, de ne spécifier aucun chiffre. Depuis l'époque récente où M. *Erman* a communiqué à l'Académie les observations comparatives concordantes, de la température de l'air et de la terre faites en *Sibérie*, on doit opposer encore à la même explication, qu'elle conduit, comme une nécessité, à des différences de chaleur sensibles, pour des localités où de telles différences n'existent pas, et, par exemple, pour Yakustk, comme nous venons de l'apprendre. Ceux de nos compatriotes qui se proposent d'hiverner vers l'extrémité septentrionale de l'*Europe*, peuvent donc espérer d'y résoudre un important problème de météorologie. S'ils s'arrêtent dans le *Finmark*, à *Kielvik*, à *Hammerfest* ou à *Alten*, dont la température moyenne est *au-dessous de zéro*, ils devront rechercher pourquoi l'eau n'y gèle jamais dans les caves bien closes. Le ruisseau d'*Hammerfest*, qui, d'après M. *de Buch*, ne cesse pas de couler au milieu de l'hiver, fixera aussi leur attention; enfin, ils ne manqueront pas, ne fût-ce qu'en se servant de simples trous pratiqués avec le *fleuret du mineur*, d'examiner comment la température de la Terre varie journellement à différentes profondeurs. Ces observations n'ont jamais été faites, je crois, dans les régions où, pendant des mois entiers, le Soleil ne se couche pas. Aussi seront-elles pour la science une acquisition intéressante, indépendamment de leur liaison possible avec l'anomalie dans les températures terrestres à laquelle j'avais voulu d'abord consacrer exclusivement cet article.

Sources thermales.

Si l'on admet, avec la plupart des physiciens de notre époque, que les eaux thermales vont emprunter leur haute température à celle de couches terrestres très profondes, plusieurs de ces sources pourront nous éclairer sur l'ancien état thermométrique du globe. Un exemple, le plus favorable au reste qu'il soit possible de citer, rendra la liaison des deux phénomènes parfaitement évidente.

En 1785, M. Desfontaines découvrit, à quelque distance de *Bone*, en Afrique, une source thermale dont la température s'élevait à $+96°,3$ cent. La source était connue des anciens : des restes de bains ne permettent pas d'en douter. Cette circonstance, combinée avec le nombre 96°,3, conduit, ce me semble, à la conséquence qu'en 2000 ans la température de la terre, en Afrique, n'a pas varié de 4° centigrades. Admettons, en effet, quelques instants, qu'il se soit opéré en 2000 ans une diminution de 4°; la couche terrestre d'où l'eau émane aujourd'hui aurait été, du temps des Romains et des Carthaginois, à la température de $+100°,3$; ainsi l'eau serait venue au jour à l'état de vapeur, comme dans les *geysers d'Islande*, et non pas seulement à l'état d'eau chaude. Or, qui pourrait croire à l'existence d'un phénomène aussi extraordinaire, lorsque *Sénèque, Pline, Strabon, Pomponius Mela*, etc., n'en font pas mention?

Notre argumentation ne paraît comporter qu'un seul genre de difficulté : les dissolutions n'entrent pas en ébullition à 100°, comme l'eau pure, et la différence croît aavec la proportion de matière saline dissoute c'est précisément pour cela que de nouvelles observations de la source thermale des environs de *Bone*, sont indispensables; c'est pour cela qu'il faudra joindre à la détermination de la température, une analyse chimique de l'eau, analyse qui, du reste, pourra se faire à Paris, sur des échantillons renfermés dans des bouteilles hermétiquement fermées. Si, aujourd'hui, l'eau de la source arrive à la surface à peu près saturée des matières calcaires qu'elle y dépose, toute difficulté s'évanouira et un important problème de climatologie se trouvera résolu.

Effets du Déboisement.

Quoique la question de savoir si le déboisement altère notablement les climats, n'ait excité sérieusement l'attention du public et celle de l'autorité que depuis assez peu de temps, elle a déjà donné lieu aux opinions les plus diverses. Les uns admettent, par exemple, que de simples rideaux de bois peuvent abriter complétement de vastes étendues de pays; y garantir les végétaux des effets pernicieux de certains vents; les soustraire surtout à l'action désastreuse des vents de mer. Les autres ne nient pas tout-à-fait cette influence des bois, mais ils la circonscrivent dans de si étroites limites, qu'elle serait à vrai dire sans intérêt. D'après ce que

11

rapportent les voyageurs, on peut espérer que l'Afrique et les côtes de la
Norwége offriront à des esprits suffisamment avertis et à des yeux at-
tentifs, des localités où le phénomène se présentera dans tout son jour et
avec des circonstances qui permettront d'en assigner l'importance.

Réfractions atmosphériques.

Les astronomes qui ont essayé, même une seule fois dans leur vie,
de déterminer la valeur des réfractions horizontales, savent combien peu
il est permis de compter sur les résultats. C'est ordinairement le bord du
soleil qui sert de point de mire; mais près de l'horizon, ce bord paraît si
fortement dentelé, si vivement irisé, si déchiqueté; ces diverses irrégula-
rités sont d'ailleurs tellement changeantes que l'observateur ne sait où
diriger le fil du réticule, à quel point, à quelle hauteur arrêter sa lunette
sur le limbe gradué de l'instrument qu'il emploie. C'est donc bien à tort
que certains géomètres se sont astreints à représenter par leurs formules
la réfraction horizontale. La valeur de cette réfraction n'est pas connue;
elle ne saurait être déterminée avec exactitude; la valeur moyenne elle-
même doit changer d'un lieu à l'autre; les circonstances locales peuvent
la modifier très notablement.

Si, envisagées du point de vue que nous venons d'adopter, les réfractions horizontales méritent peu l'intérêt qu'elles excitaient jadis, il
n'en est pas de même du cas où l'on veut les faire servir à l'étude de la
constitution de l'atmosphère, sous le rapport surtout du décroissement de
la chaleur des couches superposées. Des observations de cette nature
faites dans les climats des tropiques et dans les régions glaciales, si elles
étaient accompagnées en chaque lieu de la détermination expérimentale
du décroissement de la température de l'air, obtenue avec de petits bal-
lons, conduiraient certainement par leur comparaison avec les valeurs
analytiques de la réfraction, à d'importants résultats. Aussi proposerons-
nous à l'Académie de recommander les observations des réfractions voisines de l'horizon, aux membres de l'expédition du Nord et aux membres
de l'expédition d'Afrique.

Courants sous-marins.

La température des couches inférieures de l'Océan, entre les tropiques, est de 22 à 25° centigrades au-dessous du plus bas point auquel
les navigateurs aient observé le thermomètre à la surface. Ainsi, cette
couche si froide du fond n'est point alimentée par la précipitation des

couches superficielles. Il semble donc impossible de ne pas admettre que des courants sous-marins transportent les eaux des mers glaciales jusque sous l'équateur.

La conséquence est importante. Les expériences faites au milieu de la Méditerranée, la fortifient. Cette *mer intérieure* ne pourrait recevoir les courants froids, provenant des régions polaires, que par la passe si resserrée de Gibraltar ; eh bien ! dans la Méditerranée, la température des couches profondes n'est jamais aussi faible, toutes les autres circonstances restant pareilles, qu'en plein Océan ; on peut même ajouter que nulle part cette température du fond de la mer Méditerranée ne paraît devoir descendre au-dessous de la température moyenne du lieu. Si cette dernière circonstance vient à se confirmer, il en résultera qu'aucune partie du flux glacial venant des pôles, ne franchit *le seuil du détroit de Gibraltar.*

Lorsque M. le capitaine Durville partit, il y a quelques années, pour sa première campagne de l'*Astrolabe*, j'eus la pensée qu'il pourrait être utile de rechercher si les phénomènes de l'Océan, quant à la température des couches profondes, se présenteraient dans toute leur pureté *dès qu'on se trouverait à l'ouest du détroit.* L'Académie voulut bien accueillir mon vœu. Sur sa recommandation expresse, quelques observations de la nature de celles que je désirais, furent faites à peu de distance de *Cadiz.* Eh bien ! elles donnèrent précisément ce qu'on aurait trouvé dans la Méditerranée.

Ce fait curieux semble se prêter à deux explications différentes. On peut supposer que le courant polaire se trouve complétement refoulé par un courant sous-marin dirigé de la Méditerranée vers l'Océan, et dont l'existence est appuyée sur divers événements de mer. On peut supposer aussi que la saillie si forte de la côte méridionale du *Portugal*, ne permet pas au flux d'eau froide venant du nord, de s'infléchir, presqu'à angle droit pour aller atteindre les régions voisines de l'embouchure du *Guadalquivir.* Dans cet état de la question, chacun comprendra combien des sondes thermométriques faites à l'ouest et à l'est du *cap Saint-Vincent*, auraient de l'intérêt. Nous croyons d'autant mieux devoir proposer à l'Académie de recommander ce genre d'observations à M. le Ministre de la Marine, qu'un bâtiment va faire actuellement l'hydrographie des côtes de *Maroc*, et que son commandant, M. *Bérard*, s'est déjà occupé de la détermination de la température de la mer à toutes profondeurs, avec un succès auquel le monde savant a rendu pleine justice. Jamais occasion plus favorable ne s'est présentée de résoudre le grand problème de physique ter-

11..

restre dont nous avons cru devoir poser ici les éléments avec quelque détail.

Des Vents.

Les vents peuvent fournir aux voyageurs météorologistes, des sujets de recherches d'un grand intérêt.

Il faut, d'abord, qu'en chaque lieu, ils assignent la direction des vents dominants; il faut qu'ils déterminent les époques de l'année où chaque vent souffle de préférence.

Aucun des instruments dont la Météorologie est en possession ne donne la vitesse du vent avec la précision désirable. Quand le temps est entièrement couvert, l'observateur qui veut déterminer la rapidité de la marche d'un ouragan, se voit réduit à jeter dans l'air des corps légers et à les suivre de l'œil, la montre en main, jusqu'au moment où ils atteignent divers objets situés à des distances connues. Lorsque le ciel est seulement parsemé de quelques gros nuages, leur ombre parcourt sur la terre, en 10″ par exemple, un espace à fort peu près égal à celui dont ils se sont déplacés par l'effet du vent.

L'observation de ces ombres peut être recommandée avec confiance; elle donne la vitesse du vent mieux que les corps légers dont les physiciens exacts ont renoncé à se servir, parce que leurs mouvements près de terre sont compliqués de l'effet de mille tourbillons et de celui des vents réfléchis.

En 1740, *Franklin* découvrit que les ouragans qui ravagent si souvent la côte occidentale des *États-Unis*, se propagent en sens contraire de la direction suivant laquelle ils soufflent. De cette manière, un ouragan du *nord-est* commence à la *Nouvelle-Orléans*; il arrive ensuite à *Charlestown*; ne parvient à *Philadelphie* que 2 à 3 heures après; emploie un nouvel intervalle de plusieurs heures pour se faire sentir à *New-York*, et n'atteint que plus tard encore les villes plus septentrionales de *Boston* et de *Québec* en soufflant toujours, dans cette marche à reculons, *comme s'il venait du nord*.

Il résulte de l'observation de *Franklin*, que les ouragans d'*Amérique* sont des *vents d'aspiration*. Le même phénomène se produit-il dans d'autres lieux, sur une aussi grande échelle? Je dis sur une aussi grande échelle, puisqu'il me paraît incontestable que les brises de terre qui se font sentir régulièrement la nuit dans certains parages, et les brises de mer qui leur succèdent le jour sont des vents d'aspiration.

Pendant son séjour au *Col du Géant*, *Saussure* fut assailli par des vents d'orage d'une violence extrême, qu'interrompaient périodiquement des intervalles du calme le plus parfait. Comme les vents orageux changent subitement d'orientation de 3o à 4o degrés, l'illustre physicien de Genève expliqua les singuliers moments de calme dont il était témoin, en supposant que parfois le vent soufflait suivant la direction de telle ou telle cime des Alpes, qui tenaient sa station du *Col* à l'abri.

Cette explication de l'intermittence du vent, ne peut pas être générale, car le capitaine *Cook* a observé le même phénomène en pleine mer, ainsi que cela résulte du passage que je vais transcrire.

« Le bâtiment se trouvant par 45° de latitude sud et 28°3o′ est de Paris, » la nuit, dit le célèbre navigateur, fut très orageuse. Le vent souffla du » S.-O., en raffales extrêmement fortes. Dans de petits intervalles entre les » grains, le vent se calmait presque complétement, et ensuite il recom- » mençait avec une telle fureur que ni nos voiles, ni nos agrès ne pouvaient » le supporter. » (2ᵐᵉ voyage.)

M. le capitaine *Duperré* m'apprend qu'il a quelquefois remarqué les mêmes effets. Il y a donc là, un curieux sujet d'observations. Il faudra aussi l'étendre aux vents faits de terre qui, souvent, soufflent des journées entières dans les plaines, sinon avec des intervalles d'un calme parfait, du moins avec des changements d'intensité que *Saussure* évalue à la moitié ou même aux deux tiers de l'intensité ordinaire.

La météorologie et la physiologie ont encore beaucoup à attendre du zèle des voyageurs au sujet des vents chauds du désert, connus en Afrique sous les noms de *Seimoum*, de *Kamsin*, d'*Harmattan*, vents qui en atteignant les îles de la Méditerranée, ou les côtes d'*Italie*, de *France* et d'*Espagne* deviennent le *Chirocco*. Les descriptions que certains voyageurs ont données des effets du *seimoum*, sont évidemment exagérées. Il paraît assez évident que ces effets, quels qu'ils puissent être, dépendent en grande partie de la haute température et de l'extrême sécheresse que des sables flottants communiquent à l'atmosphère ; mais il n'en sera pas moins utile de compléter par des observations du thermomètre et de l'hygromètre, les vagues aperçus dont on s'est jusqu'ici contenté. *Burckhardt* rapporte que pendant une bourrasque de *seimoum*, il vit à *Esné* le thermomètre, à l'ombre, s'élever jusqu'à 55° *centigrades*, température qui justifierait toutes les assertions de *Bruce*, si le voyageur suisse n'ajoutait que l'air ne reste jamais dans un pareil état pendant plus d'un quart d'heure.

Est-il vrai, comme l'assure *Burckhardt*, que les teintes de l'atmosphère quand le *seimoum* souffle, que les couleurs, soit rouge, soit jaune, soit bleuâtre, soit violette du soleil, citées par tant de voyageurs, dépendent de *la nature et de la couleur du terrain* d'où le vent a enlevé le sable qu'il transporte avec lui?

Phénomènes de lumière atmosphérique.

L'instrument à polarisation chromatique, à l'aide duquel j'ai pu constater que la lumière des *halos* est de la lumière réfractée, pourra être appliqué, avec le même avantage, à l'étude des *parhélies*, des *parasélènes*, et des cercles entrecroisés qui les accompagnent presque constamment, surtout dans les climats du nord. L'observateur devra, 1° noter si la lumière de ces météores présente les caractères de la polarisation par *réflexion* ou de la polarisation par *réfraction*; 2° déterminer avec toute l'exactitude possible la position du plan de polarisation de chaque faisceau analysé, relativement au soleil; 3° apprécier les proportions, sinon absolues, du moins comparatives, de lumière polarisée contenues dans la lumière totale provenant des diverses régions du phénomène. Ces résultats, combinés avec des mesures angulaires précises des diamètres des divers cercles et de la distance de leurs points d'intersections au soleil, deviendront pour une branche importante de l'optique, aujourd'hui très imparfaite, de précieuses acquisitions. Ce seront autant de pierres de touche qui ne permettront plus à de vagues aperçus d'usurper la place d'une théorie solide.

Aurores boréales.

Dans nos climats, quand une aurore boréale est complète, quand une partie de sa lumière dessine dans l'espace *un arc bien tranché, bien défini, le point culminant de* CET ARC *est dans le méridien magnétique,* et ses deux points d'intersection apparents avec l'horizon, sont à des distances angulaires égales du même méridien.

Lorsqu'il jaillit des colonnes lumineuses des diverses régions de l'arc, *leur point d'intersection,* celui que certains météorologistes ont appelé *le centre de la coupole,* se trouve dans le méridien magnétique et *précisément sur le prolongement de l'aiguille d'inclinaison.*

Il est très important de répéter partout ce genre d'observations, moins pour établir entre les aurores boréales et le magnétisme terrestre, une connexion générale dont personne ne peut douter aujourd'hui, qu'à raison des lumières qu'il doit répandre sur la nature intime du phénomène et sur les méthodes géométriques d'après lesquelles on a quelquefois déterminé sa hauteur absolue.

Ces méthodes, fondées sur des combinaisons de parallaxes, supposent que partout on voit le même arc, je veux dire les mêmes molécules matérielles, amenées par des causes inconnues à l'état rayonnant ! Si je ne me trompe, cette hypothèse, quand elle sera examinée avec tout le scrupule convenable, soulèvera plus d'un doute fondé.

L'orientation magnétique *de l'arc de l'aurore*, ne prouve rien autre chose si ce n'est que le phénomène est placé symétriquement par rapport à l'axe magnétique du globe. Quant au genre de déplacement que le *centre de la coupole* éprouve pour chaque changement de position de l'observateur, il ne saurait s'expliquer par un jeu de parallaxes. Ce déplacement est tel qu'un observateur qui marche de *Paris* vers le pôle magnétique nord, voit le centre de la coupole, situé au sud de son zénith, *s'élever* de plus en plus au-dessus de l'horizon ; or c'est précisément le contraire qui arriverait si la coupole était un point rayonnant et non un simple effet de perspective.

Dès qu'on a établi que dans les aurores boréales, une de leurs parties au moins est une pure illusion, on ne voit pas pourquoi on adopterait d'emblée que l'arc lumineux de *Paris* est celui qui sera aperçu de *Strasbourg*, de *Munich*, de *Vienne*, etc.! Conçoit-on quel grand pas aurait fait la théorie de ces mystérieux phénomènes, s'il était établi que chaque observateur voit son aurore boréale, comme chacun voit son arc-en-ciel ? Ne serait-ce pas d'ailleurs quelque chose que de débarrasser nos catalogues météorologiques, d'une multitude de déterminations de hauteur qui n'auraient plus aucun fondement réel, bien qu'on les doive aux *Mairan*, aux *Halley*, aux *Krafft*, aux *Cavendish*, aux *Dalton?*

Avant de terminer un article dans lequel il a été si souvent question de la hauteur absolue de la matière au milieu de laquelle l'aurore boréale s'engendre, je ne dois pas oublier de rappeler qu'une fois le capitaine Parry crut voir des jets lumineux provenant d'une aurore, se projeter sur une montagne peu éloignée de son bâtiment. Cette observation mérite bien d'être confirmée et renouvelée.

Électricité atmosphérique.

Le tonnerre pourrait être encore l'objet de recherches très intéressantes qui sont indiquées avec détail dans l'*Annuaire du Bureau des Longitudes.*

En *Norwége* (*dit-on*), les orages deviennent d'autant plus rares qu'on s'éloigne davantage des côtes maritimes. S'il fallait s'en rapporter à quelques voyageurs, il y aurait déjà, sous ce rapport, des différences notables entre l'entrée et le fond de chacune des immenses baies dont le pays est sillonné. C'est un sujet d'observations bien digne de l'attention des météorologistes.

Électricité près des cascades.

En 1786, *Tralles* trouva près de la cascade du *Staubbach*, que la pluie extrémement fine qui s'en détachait, donnait des signes manifestes d'électricité négative. Le *Reichenbach* lui offrit les mêmes phénomènes. *Volta*, peu de temps après, vérifia l'exactitude de l'observation de *Tralles*, non-seulement sur la cascade de *Pissevache*, mais encore partout où une chute d'eau, quelque insignifiante qu'elle fût, donnait lieu, par l'intermédiaire du vent, à la dispersion de petites gouttelettes; comme à *Tralles*, l'électricité lui parut toujours négative.

Le physicien de *Berne* attribua d'abord l'électricité de la *poussière d'eau* dont toutes les grandes cascades sont entourées, au frottement des gouttelettes sur l'air; mais bientôt après il vit, avec *Volta*, la véritable cause de cette électricité, dans l'évaporation que les mêmes gouttelettes éprouvent en tombant. Cette explication vient d'être combattue par M. le professeur *Belli*. Sans nier que l'évaporation puisse avoir un certain effet dans le phénomène, M. *Belli* réserve le rôle principal à l'action que l'électricité atmosphérique doit exercer sur l'eau courante. L'eau, dit-il, sera par influence, par induction, à l'état négatif, quand l'atmosphère se trouvera, comme c'est l'ordinaire, chargée d'électricité positive. Au moment où cette eau se divisera en mille gouttelettes, elle ne pourra manquer de porter l'électricité dont l'induction de l'atmosphère l'avait imprégnée, sur tous les objets qu'elle rencontrera.

La théorie de M. le professeur *Belli* est susceptible d'une épreuve qui, d'un seul coup, en *démontrera* l'exactitude ou la fausseté. Si elle est vraie, l'électricité du nuage dont les cascades sont entourées, n'aura pas toujours le même signe; elle sera négative si l'atmosphère est positive; on la trouvera positive au contraire quand les nuages seront négatifs. Ce sont donc des observations faites dans des temps orageux et non par un ciel serein, qui permettront de choisir entre la théorie de *Volta* et celle de M. Belli.

Marées.

La théorie des marées empruntée au principe de l'attraction universelle, ne peut laisser aucun doute dans les esprits quant à ses bases générales. Ce qui lui manque encore du côté de la simplicité et de la rigueur, est du ressort de la géométrie. Les observateurs, cependant, ont encore devant eux un vaste champ d'études dans les circonstances locales qui modifient considérablement les heures des établissements des ports et les changements de hauteur des eaux, sans qu'il soit ordinairement bien facile de dire quelle est la circonstance influente et son mode d'action.

Y a-t-il des marées sensibles dans la Méditerranée proprement dite ? A cette question, quelques personnes ont répondu *oui*, en ce qui concerne le port de *Bouc*, par exemple; mais les chiffres sur lesquels elles se fondent disent le contraire. D'après quelques recherches faites à *Naples* en 1793, il y aurait une marée bien observable de près d'*un tiers de mètre*, dans le canal étroit qu'on appelle la rivière *Styx* et qui établit une communication entre le port de *Misène* et le *Mare-Morto*. *Blagden* croyait ses données tellement sûres qu'il alla jusqu'à en déduire l'heure de l'établissement dans la baie de *Naples* (9^h à 10^h du matin). Ces observations méritent d'être répétées sur divers points de l'*Algérie*. Le manque de réussite dans tel ou tel port, ne doit pas décourager. Si l'on s'en était tenu à la remarque si souvent reproduite : la Méditerranée est une mer trop resserrée pour que les marées puissent y être observées, nous ne saurions pas aujourd'hui qu'elles sont très sensibles dans l'*Adriatique*; nous ignorerions qu'à *Chioggia* et à *Venise* elles s'élèvent à *plus d'un mètre*.

Couleur de la mer.

L'étude des couleurs de la mer a exercé la sagacité d'un grand nombre de savants et de navigateurs sans qu'on puisse dire que le problème soit entièrement résolu.

Quelle est la couleur de l'eau de l'Océan? A cette question les réponses seront à peu près identiques. C'est en effet au *bleu d'outremer* que le capitaine Scoresby compare la teinte générale des mers polaires; c'est à une dissolution parfaitement transparente *du plus bel indigo*, ou au *bleu céleste*, que M. Costaz assimile la couleur des eaux de la Méditerranée; c'est par les mots d'*azur vif* que le capitaine *Tuckey* caractérise les flots de l'Atlantique dans les régions équinoxiales; c'est aussi le *bleu vif* que *sir*

Humphry Davy assigne aux teintes reflétées par les eaux pures provenant de la fonte des neiges et des glaciers. Le bleu céleste plus ou moins foncé, c'est-à-dire mélangé avec de petites ou avec de grandes proportions de lumière blanche, semblerait donc devoir être toujours la teinte de l'Océan. Pourquoi n'en est-il pas ainsi?

Nous venons d'abord de parler d'eau pure; or, les eaux de la mer sont souvent imprégnées de matières étrangères. Les bandes vertes, par exemple, si étendues et si tranchées des régions polaires, renferment des myriades de Méduses dont la teinte jaunâtre, mêlée à la couleur bleue de l'eau, engendre le vert. Près du cap Palmas, sur la côte de Guinée, le vaisseau du capitaine *Tuckey* paraissait se mouvoir dans du lait; c'étaient aussi des multitudes d'animaux flottant à la surface qui avaient masqué la teinte naturelle du liquide. Les zones, rouge de carmin, que divers navigateurs ont traversées dans le grand Océan, n'ont pas une autre cause. En Suisse, d'après sir *H. Davy*, quand la teinte d'un lac passe du bleu au vert, c'est que ses eauxse sont imprégnées de matières végétales. Près de l'embouchure des grandes rivières enfin, la mer a souvent une teinte brune provenant de la vase et des autres substances terreuses qui sont tenues en suspension. Nous avons dû insister sur les couleurs engendrées par des matières mêlées à l'eau, afin qu'on ne les confondît pas avec celles dont il nous reste à parler.

» La teinte bleu céleste de la mer se trouve modifiée ou même quelquefois totalement changée, dans les parages où l'eau est peu profonde. C'est qu'alors la lumière *réfléchie* par le fond arrive à l'œil confondue avec la lumière naturelle de l'eau. L'effet de cette superposition pourrait être calculé d'après les lois de l'optique; mais il faudrait joindre à la connaissance de la nature des deux teintes mélangées, celle plus difficile à obtenir de leurs intensités comparatives. Ainsi, un fond de sable jaune peu réfléchissant donne à la mer une teinte verte, parce que le jaune mêlé au bleu, comme tous les physiciens le savent, engendre du vert; maintenant, sans changer les nuances, remplacez le jaune sombre par un jaune éclatant, le bleu peu intense de l'eau pure *verdira* à peine cette vive lumière, et la mer paraîtra jaune. Dans la baie de *Loango* les eaux sont toujours fortement rougeâtres : on les dirait mêlées à du sang. *Tuckey* s'est assuré que le fond de la mer y est très rouge. Substituons à ce fond rouge vif un fond de même nuance mais obscur, mais peu réfléchissant, et les eaux de la baie de Loango paraîtront désormais orangées ou peutêtre même jaunes.

On fait, contre cette manière d'envisager la question, une objection qui, de prime abord, semble sérieuse : un fond de sable blanc, nous dit-on, ne devrait pas altérer la teinte de la mer, car si le blanc affadit les couleurs auxquelles il se mêle, du moins il n'en change pas la nuance. La réponse sera facile. Comment s'assure-t-on que le sable du fond est blanc ? N'est-ce pas en plein air, après en avoir pêché une partie ; n'est-ce pas en l'exposant à la lumière *blanche* du Soleil ou des nuages ? Le sable est-il dans ces mêmes conditions au fond de l'eau ? Si en plein air vous l'éclairiez avec de la lumière rouge, verte, bleue, il vous paraîtrait rouge, vert, ou bleu. Cherchons donc quelle couleur le frappe au fond de l'eau.

L'eau se trouve dans les conditions de tous ces corps que les physiciens, les chimistes et les minéralogistes ont tant étudiés, et qui possèdent deux sortes de couleurs : une certaine couleur transmise et une couleur réfléchie, totalement différente de la première. L'eau paraît bleue par réflexion ; quelques personnes croient que sa couleur transmise est verte. Ainsi, l'eau disperse dans tous les sens, après l'avoir *bleuie,* une portion de la lumière blanche qui va l'éclairer ; cette lumière dispersée constitue *la couleur propre* des liquides. Quant aux autres rayons, *irrégulièrement transmis,* leur passage à travers l'eau les verdirait, et cela d'autant plus fortement que la masse traversée aurait plus d'épaisseur.

Ces notions admises, reprenons le cas d'une mer peu profonde, à fond de sable blanc : ce sable ne reçoit la lumière qu'à travers une couche d'eau ; elle lui arrive donc déjà verte, et c'est avec cette teinte qu'il la réfléchit ; mais dans le second trajet que font les rayons lumineux à travers le même liquide en revenant du sable à l'air, leur teinte verte se fonce quelquefois, assez fortement pour prédominer à la sortie sur le bleu. Voilà peut-être tout le secret de ces nuances qui, pour le navigateur expérimenté, sont dans un temps calme l'indice certain et précieux de hauts-fonds.

Nous venons de dire : *dans un temps calme,* et ce n'est pas sans dessein. Quand la mer est agitée, des vagues convenablement orientées peuvent, en effet, envoyer à l'œil une assez grande quantité de *rayons transmis* ou *verts,* pour que le bleu réfléchi soit entièrement masqué. Quelques courtes observations rendront cela évident.

Concevons un prisme triangulaire placé en plein air, horizontalement, devant un observateur un peu plus bas que lui. Ce prisme ne pourra amener à l'œil, par voie de réfraction, aucun rayon venant directement de l'atmosphère. Au contraire, la face antérieure du prisme jettera vers

12.,

l'observateur, un faisceau atmosphérique réfléchi dont une grande partie, il est vrai, passera au-dessus de sa tête. Cette partie aurait besoin d'être pliée dans sa course, d'être infléchie, d'être réfractée de haut en bas pour arriver à l'œil. Un second prisme, placé comme le premier, mais plus près de l'observateur, produirait précisément cet effet.

D'après ce peu de mots, tout le monde a déjà fait, sans doute, l'assimilation qui doit conduire au but vers lequel nous tendons. Les vagues de l'Océan sont des espèces de prismes; jamais une vague n'est unique; les vagues contiguës s'avancent, à peu près, dans des directions parallèles; eh bien! quand deux vagues s'approchent d'un bâtiment, une portion de la lumière que la face antérieure de la seconde vague réfléchit, *traverse la première*, s'y réfracte de haut en bas, et arrive ainsi à l'observateur placé sur le pont. Voilà donc, de nouveau, de la lumière transmise, de la lumière conséquemment *verdie*, qui parvient à l'œil en même temps que les teintes bleuâtres ordinaires; voilà les phénomènes des hauts-fonds à sable blanc, engendrés sans hauts-fonds; voilà une mer verte par la prédominance de la couleur transmise sur la couleur réfléchie.

Nous n'avons tracé ici à la hâte, des linéaments imparfaits d'une théorie des couleurs de la mer, qu'afin de diriger les navigateurs dans les études qu'ils auront l'occasion de faire à ce sujet. La recherche des circonstances qui pourraient mettre cette théorie en défaut, leur suggérera des expériences ou, du moins, des observations auxquelles sans cela ils n'eussent probablement pas songé. Par exemple, tout le monde comprendra que les *vagues-prismes* ne devront pas produire des effets identiques, quel que soit le sens de leur propagation, et l'on s'attendra à trouver quelque variation dans la teinte de la mer, quand le vent viendra à changer. Sur les lacs de la Suisse, le phénomène est manifeste; en sera-t-il de même en pleine mer?

Quelques personnes persistent à assigner un rôle important au bleu atmosphérique dans la production du bleu de l'Océan. Cette idée nous semble pouvoir être soumise à une épreuve décisive, et voici de quelle manière.

Les rayons bleus de l'atmosphère ne reviennent de l'eau à l'œil qu'après s'être régulièrement réfléchis. Si l'angle de réflection est de 37°, ils sont polarisés. Une tourmaline pourra servir à les éliminer en totalité et, dès-lors, le bleu de la mer sera vu à part, sans aucun mélange étranger.

Pour se mettre, autant que possible, à l'abri des reflets dans l'étude des couleurs de l'Océan, de très habiles navigateurs ont recom-

mandé de viser toujours à travers le tuyau par lequel passe la tige
du gouvernail. De là, les eaux offrent, en quelques points, de belles teintes
violacées; mais avec un peu d'attention, on peut s'assurer que ces teintes
n'ont rien de réel, qu'elles sont des effets de contraste, qu'elles résultent
de la lumière atmosphérique faiblement réfléchie dans une direction presque perpendiculaire, et colorée par le voisinage des couleurs vertes trans-
mises qu'on aperçoit toujours autour du gouvernail.

Soit que l'on veuille admettre et développer l'essai d'explication des
couleurs de la mer qui vient d'être exposé, soit qu'on veuille le réfuter
et le remplacer ensuite par un autre plus satisfaisant, il faudra commencer par chercher de quelle couleur est l'eau quand on la voit par trans-
mission *à l'aide de la lumière diffuse.* Ceux qui se rappellent la teinte
éminemment verdâtre de *la tranche* d'un verre à vitre, même quand ce
verre n'est éclairé que de face et perpendiculairement, sentiront toute la
portée de la question. Voici, ce me semble, un moyen très simple de la
résoudre.

J'admettrai que l'observateur est muni d'un de ces larges prismes
creux en glace dont se servent les physiciens quand ils veulent étudier la
réfraction des liquides. Pour fixer les idées, nous donnerons à l'angle ré-
fringent une valeur de 45°; nous supposerons ensuite que le prisme soit
plongé *partiellement* dans l'eau, de manière que l'arète de son angle ré-
fringent soit en bas et horizontale, et que l'une des faces de cet angle,
celle qui est tournée vers le large, soit verticale, d'où résultera comme
conséquence nécessaire que l'autre face sera inclinée à l'horizon de 45°.

Dans cette disposition des objets, la lumière qui se meut horizontalement dans l'eau à quelques centimètres au-dessous de sa surface, celle qui
forme sa *couleur de tranche,* si cette expression m'est permise, va frapper
perpendiculairement la glace verticale du prisme: elle pénètre dans l'intérieur de cet instrument, traverse la petite quantité d'*air* qu'il renferme,
atteint la seconde glace et là se réfléchit verticalement de bas en haut.
En regardant dans cette glace inclinée, l'observateur pourra donc juger
de la couleur propre qu'a l'eau par réfraction, tout aussi bien que si son
œil était dans le liquide. Sous cette forme, l'expérience est si simple, si
facile, elle exigera si peu de temps que nous osons prier l'Académie de
recommander à nos voyageurs de la répéter aussi souvent qu'il leur sera
possible, non-seulement dans l'eau de mer, mais encore dans les lacs et
dans les rivières. Quand la science se sera enrichie des résultats de toutes

ces épreuves, on ne courra plus le risque de bâtir des théories que les faits démentiraient tôt ou tard.

Je n'ai sans doute pas besoin de faire remarquer qu'il sera utile que le prisme creux soit fermé dans sa partie supérieure par une glace en verre blanc et à faces parallèles. Cette glace empêchera que l'appareil ne se remplisse de liquide. L'appareil recevra d'ailleurs aisément de la main des artistes la forme d'un instrument usuel.

Trombes.

Pendant leurs fréquentes traversées, les membres de nos commissions scientifiques, passeront peut-être à peu de distance de quelques trombes, car ce phénomène n'est pas rare dans la Méditerranée. Les trombes n'ont été jusqu'ici expliquées que très imparfaitement. Il sera donc utile d'en donner la description la plus exacte et la plus détaillée possible. Il sera surtout important de rechercher si la pluie que la trombe projette au loin et dans tous les sens, est salée ou non.

C'est une grande et belle idée que celle d'associer des hommes d'étude à toutes les expéditions lointaines des troupes françaises. Cette idée a déjà donné les plus heureux fruits. Au besoin, l'ouvrage d'Égypte, le voyage de Morée serviraient à prouver que nos ingénieurs, nos physiciens, nos naturalistes, nos érudits ont partout rivalisé de zèle et d'ardeur avec les vaillants soldats de l'armée d'Orient et de Grèce. Nous espérons que la commission scientifique d'Alger ne restera pas en arrière de ses devancières ; elle aura même l'avantage d'être guidée par des instructions plus étendues, plus détaillées. Beaucoup de personnes aspirent à l'honneur d'en faire partie. Il est vivement à désirer que le choix de l'administration tombe sur les plus capables ; la réussite n'aura lieu qu'à ce prix. Aussi, vous inviterons-nous, Messieurs, sans hésiter, à prier M. le Ministre de la Guerre de demander à l'Académie une liste de candidats.

Nous croyons qu'il serait très utile que vous fussiez consultés sur le choix des ouvrages, des réactifs, des outils, des appareils, des instruments dont la commission devra être munie ; nous ne regarderions pas comme moins nécessaire que des académiciens désignés par vous, présidassent aux essais ou études préalables que plusieurs des voyageurs investis de la confiance du Ministre devront probablement s'imposer avant le départ, s'ils veulent se placer à la hauteur de leur belle mission.

*Nous formerons encore le vœu qu'il soit installé à Alger un observateur sédentaire qui suivra avec soin tous les instruments météorologiques de manière à caractériser nettement l'état climatologique de l'ancienne Régence; qui se livrera à des recherches magnétiques analogues à celles des observatoires d'Europe; qui fournira des termes de comparaison aux géologues, aux botanistes, aux géographes de l'expédition scientifique, surtout pour la détermination des hauteurs verticales des différentes stations. Nous dirons, enfin, que ces derniers résultats pourraient être obtenus sans aucun surcroît de dépense, si M. le Ministre de la Guerre consentait à comprendre parmi les membres de la commission, M. Aimé, professeur de physique au collége d'Alger, dont l'Académie a eu plusieurs fois l'occasion d'apprécier le zèle et le savoir.

L'Académie approuve ces instructions et arrête qu'elles seront adressées à M. le Ministre de la Guerre.

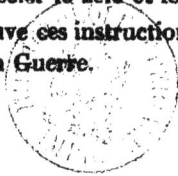